中小学心理健康教育工作手册

宁波市中小学心理健康教育指导中心办公室 编 / 尹晓军 主编

本书编委会

主　编　尹晓军

副主编　史耀芳

编　委　韩文莲　姜红霞　吴晶京　张　越

　　　　张玮璟　余也冰　邵巧倍　徐　儿

前言

时至今日，中小学心理健康教育的重要性已成共识，毋庸赘言了。如果要套用一句流行语的话，那就是："中小学心理健康教育，怎么强调也不过分！"

对中小学而言，这种共识必然会反映在办学实践之中，转化为具体的教育行动。所以，我们经常会听到学校领导和老师们的一些提问：从学校层面看，心理健康教育具体要做哪些事情？怎样做？有哪些条件、规范和标准？试图整体统一、简明扼要地回答这些问题，帮助学校厘清这方面的工作思路和相关的专业要求，是我们编写这本《中小学心理健康教育工作手册》（以下简称《手册》）的初衷。

《手册》重在实践运用，因此在编写过程中我们注意了以下两点：

第一，突出操作性。《手册》重在"做"——明确"做什么"和"怎么做"。因此我们尽可能把中小学心理健康教育的理论转化为具有操作性的工作流程和规定要求，便于学校和教师"按图索骥"，直接使用。

第二，强调专业规范。中小学心理健康教育有其科学、严格的专业标准和工作规范，不是单凭热情和努力就能做好的。但是目前中小学心理健康教育的体系、制度、规范、标准等还在逐步建立中。由于大家的认识和理解不一，所以各校有各校的做法，各人有各人的教法，这也是现阶段不争的事实。《手册》企望能够按照《中小学心理健康教育指导纲要（2012年修订）》的要求，将专业标准和工作规范"条分缕析"地罗列出来，为学校和教师开展教育活动提供具体参照。

这里需要说明,《手册》中涉及的工作要求与标准,大多依据现阶段浙江省相关文件的规定,部分依据宁波市现阶段的考核指标。

《手册》的使用对象主要有三类人群:一是区县(市)中小学心理健康教育教研员。他们同时也是区县(市)中小学心理健康教育指导中心办公室的负责人,《手册》可以帮助他们在规划、指导区域中小学心理健康教育工作时有规可依,有法可循。二是中小学心理健康教育专(兼)职教师,尤其是专职教师,《手册》可以作为学校心理健康教育工作的实操指南。三是学校领导。中小学心理健康教育非常重要,这项工作的专业性又很强,《手册》可以帮助学校领导比较全面地了解心理健康教育的体系、制度、工作机制和相关要求,提高学校心理健康教育工作的效率。

《手册》的编写,由尹晓军、史耀芳负责章节设计和人员组织,编写人员以宁波市各区县(市)中小学心理健康教育教研员和市教育局直属学校的资深专职教师为主,分工协作。书稿撰写分工为:韩文莲(第一章),姜红霞(第二章),张玮璟、余也冰、吴晶京、汪丰慧、程赞红(第三章),邵巧倍(第四章),徐儿(第五章),张越(第六章),最后由尹晓军、史耀芳统稿。

《手册》对诸多专家的研究成果和部分地区、学校的实践经验多有参考和吸收,在此一并致谢!

由于我们专业能力有限,工作经验不足,缺点与谬误恐一时难免,恳请专家和读者批评指正。

编者

2019年12月

目 录
CONTENTS

第一章　中小学心理健康教育的行政体系 …………… 001
　　第一节　组织架构 …………………………… 003
　　第二节　机构职责 …………………………… 004
　　第三节　专业要求 …………………………… 007

第二章　中小学心理健康教育的主要内容 …………… 009
　　第一节　人格辅导 …………………………… 011
　　第二节　学习辅导 …………………………… 013
　　第三节　生涯辅导 …………………………… 015
　　第四节　亲子关系辅导 ……………………… 017
　　第五节　生命辅导 …………………………… 019
　　第六节　教师心理辅导 ……………………… 021

第三章　中小学心理健康教育的主要形式 …………… 023
　　第一节　班级心理辅导活动课 ……………… 025
　　第二节　小团体辅导 ………………………… 036
　　第三节　个别辅导 …………………………… 053

第四节　校园心理剧 …………………………………… 070
　　第五节　其他教育形式 ………………………………… 075

第四章　中小学心理辅导室的建设要求 ………………… 077
　　第一节　功能区设置 …………………………………… 079
　　第二节　心理测评 ……………………………………… 083
　　第三节　心理档案 ……………………………………… 091
　　第四节　工作规范 ……………………………………… 096

第五章　中小学校园心理危机的预防与干预 …………… 099
　　第一节　心理危机概论 ………………………………… 101
　　第二节　心理危机预防干预机制 ……………………… 104
　　第三节　危机干预与心理援助 ………………………… 110
　　第四节　危机干预后的管理与维护 …………………… 120

第六章　中小学心理健康教育的督导与评估 …………… 129
　　第一节　学校心理辅导的专业督导 …………………… 131
　　第二节　学校心理健康教育工作的评估 ……………… 141

第一章

中小学心理健康教育的行政体系

第一节　组织架构

学校心理健康教育是一项面向全校师生的系统性工作，需要学校整体规划和统筹实施。建立职责明确、协同共商的管理机构是提高学校心理健康教育工作针对性和实效性的组织保障。

学校心理健康教育工作的组织架构一般由校长室、学校心理健康教育指导中心、学校心理辅导室及其他相关部门组成。

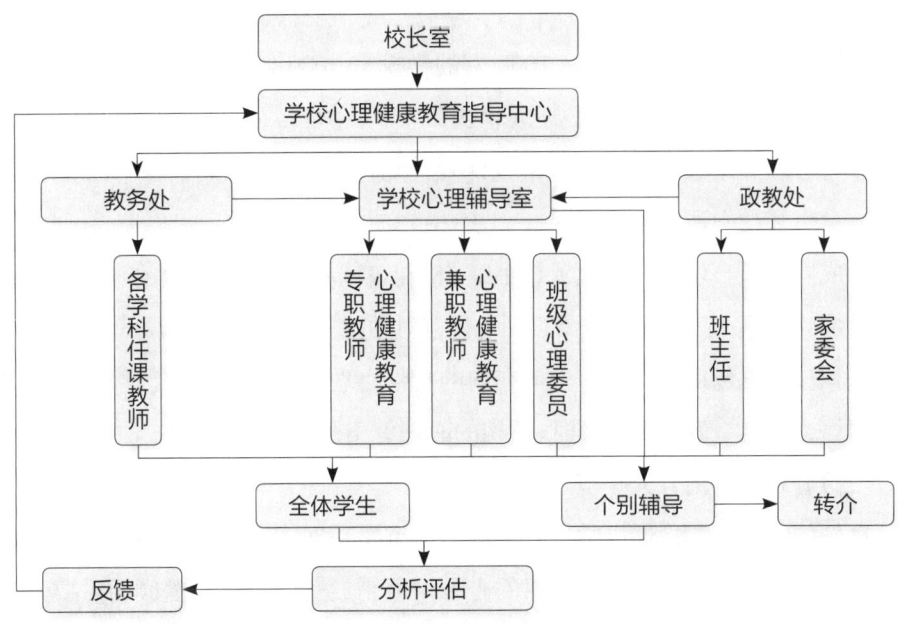

图1-1　学校心理健康教育工作组织架构图

第二节　机构职责

一、校长室

校长室是学校心理健康教育工作的领导机构，全面负责学校心理健康教育工作。校长室的职责如下。

（一）建立学校心理健康教育工作体系

1. 成立学校心理健康教育指导中心，按专业要求建立学校心理辅导室。

2. 安排落实学校心理健康教育工作专项经费。

3. 提出学校心理健康教育工作发展规划，确定符合校情的学校心理健康教育目标、课程和工作举措。

4. 按生师比1000∶1（不足1000人的学校按1000人计）的要求配备心理健康教育专职教师，按需要配备心理健康教育兼职教师。

5. 将心理健康教育课程纳入学校课程计划，按照每班两周一课时的要求，面向全体学生开设心理健康教育课。

6. 成立校园心理危机管理领导小组，构建校园心理危机干预系统（预警系统、应急系统、维护系统），颁发《校园心理危机应对预案》，有效应对校园心理危机事件。

7. 积极拓展包括专业治疗机构在内的校外心理服务资源，构建学校心理健康服务网络，为学生、教师提供及时、适切的心理健康服务。

（二）营造良好的育人环境

良好的学习生活是促进学生心理健康的重要基础，教师的心理健康是促进学生心理健康的重要前提，家校之间的有效沟通是促进学生心理健康的重要途径，积极健康、美丽和谐的校园文化是促进学生心理健康的重要因素。

二、学校心理健康教育指导中心

学校心理健康教育指导中心是校长室领导下的心理健康教育工作执行机构，一般由分管副校长负责。学校心理健康教育指导中心由学校心理辅导室、教务处和政教处三个部门构成，三个部门各司其职，学校心理辅导室负责统筹协调。学校心理健康教育指导中心的职责如下。

1. 定期召开心理健康教育工作会议。每学期至少召开一次工作会议。实时掌握学校心理健康教育工作动态，了解和评估学校心理健康教育工作的开展情况；分析学情，提出下阶段工作重点和主要举措；协调各部门工作；形成会议纪要，报校长室决策。

2. 根据学校总体要求，明确各年级学生心理健康教育目标、教育内容、教育方式和教育途径。

3. 组织开展心理健康教育通识培训。面向全体教职员工，普及心理健康知识及心理调适方法，提高全体教职员工的心理健康水平、心理服务意识和能力。

4. 组织开展学科教研活动。组建心理健康教育教研组，制定教研组工作细则及考核标准；负责选择、编写符合本校学生心理发展特点的心理辅导课程教材及教辅资料；定期开展教研和培训活动，对心理辅导活动课及辅导个案进行督导评估，提高心理辅导教师的专业化水平。

5. 推进校园心理危机管理工作。强化全体教职员工的心理危机管理意识，明确各部门的分工职责，做到人人知晓本校的《校园心理危机应对预案》；建立监督、检查和反思研讨机制，维护、保障校园心理危机管理系统的有效运行。

6. 开展形式多样的心理健康宣教活动。设定学校心理健康教育宣传周（月）时间，并通过宣传栏、校园广播、电视、网络等校园媒介向全校师生宣传心理健康教育知识，营造良好的心理健康教育氛围。

7. 开展家长心理健康教育。通过家长学校、家长会等途径向学生家长普及心理健康教育知识，提高家长的心理素养，引导、帮助家长关注孩子的心理动态，共同培育孩子的健康人格。

三、学校心理辅导室

学校心理辅导室是为学校提供心理健康教育决策咨询，为师生提供各种心理服务的校内专业机构。学校心理辅导室的职责如下。

1. 开展学生心理测评。建立学生心理档案；每学期初进行一次心理普测，形成学生心理健康状况分析报告，并提交学校心理健康教育指导中心。

2. 开展危机筛查工作。每年三月份筛查一次，由班主任、任课教师和班级心理委员根据心理测评结果，并结合日常观察确定"疑似高危学生"名单，由班主任报送学校心理健康教育指导中心；经心理健康教育专职教师面询后确定"高危学生"名单，制订"一生一案"的辅导、干预方案，报送校长室和当地中小学心理健康教育指导中心办公室。

3. 开展教学工作。通过心理辅导活动课等途径，面向全体学生开展发展性心理健康教育，提高学生的心理品质，帮助学生适应学校生活，引导学生积累积极的学校生活体验；指导班主任开展班级心理健康教育活动；通过家长学校、网络课程等渠道开展亲子辅导活动。

4. 开展心理辅导工作。通过小团体辅导和个别辅导等形式，对有心理困扰或心理问题的学生进行心理辅导，帮助他们缓解和消除焦虑、紧张等不良情绪，解决成长过程中的心理困惑，提高心理自助能力；识别有严重心理问题的学生，将他们及时转介到专业心理治疗机构诊治。

5. 建立心理健康服务值班制度。确保学校心理辅导室开放时间，非寄宿制学校每天不少于2小时，寄宿制学校每天不少于4小时；设立校园心理热线和心理信箱。

6. 发挥校园心理危机管理系统的专业核心作用。制定校园心理危机预警、预防和干预制度，经学校心理健康教育指导中心审议后报校长室核准实施；确保校园心理危机事件发生后72小时之内及时开展科学、有效的心理干预工作。

7. 开展社团活动。负责选拔和培训各班心理委员，定期开展心理健康教育社团活动；策划心理健康教育宣传活动，加强校园文化建设，丰富、拓展心理健康教育的方式和途径，营造良好的心理健康教育氛围。

第三节　专业要求

一、心理健康教育教师

1. 心理健康教育专职教师须拥有心理学科类本科及以上学历，并具有浙江省中小学心理健康教育 B 级及以上上岗资格证。心理健康教育兼职教师须具有浙江省中小学心理健康教育 C 级及以上上岗资格证。

2. 具有心理健康教育教学技能和心理辅导专业技能。能胜任课堂教学工作；熟悉各个年龄阶段学生的心理特点、发展需求，有计划、有目标地开展发展性教育和辅导活动；熟练掌握心理测量技术，对学生心理问题具有基本的鉴别、诊断能力，能提供有效的小团体辅导和个别辅导服务；熟悉校园心理危机管理流程，具有校园心理危机预警、预防和干预技能。

3. 具有组织、协调工作能力。能对学校的心理健康教育工作（教育目标、课程内容、方法策略、评估督导等）提出专业建议；能够组织、协同学校各部门开展各项心理健康教育活动；具有良好的沟通能力，能够为班主任、学科任课教师、家长等各类人员提供专业指导。

4. 具有敬业精神和专业发展能力。热爱本职工作，遵守职业道德，具有积极向上的健康心态，具有一定的科研能力，能保持专业上的自我发展。

二、班主任

1. 具有浙江省中小学心理健康教育 C 级及以上上岗资格证。

2. 具有关爱学生的基本素养。能够理解、关心学生，乐意帮助学生解决成长过程中的各种困难和烦恼。

3.掌握心理健康教育基本技能。具有心理自我调适能力；了解各个年龄阶段学生的心理特点、发展需求；能够运用尊重、倾听、理解、接纳、积极关注等基本辅导技术，疏导学生的各种消极情绪，激发学生的积极心态；了解学生的心理动态，并能针对性地开展班级心理健康教育活动。

4.具有合作意识。能够理解和接受学校心理辅导室的业务指导和工作建议；能够积极配合学校心理辅导室开展心理检测和动态跟踪工作；具有熟练的家校沟通技巧，通过家校协同，共同培育学生的健康人格。

三、学科任课教师

1.具有心理健康教育意识。了解任课班级学生的心理状态，营造积极向上的课堂氛围，关注、理解、接纳每一个学生；在进行知识教学的同时，注重提升学生的心理素养。

2.具有心理自我调适能力。能积极参加心理健康教育相关培训；具有较强的环境适应能力，能有效管理自己的情绪；能包容学生的缺点，以积极、乐观、主动的态度面对教学中的矛盾和困难。

3.具有合作意识。自觉参与心理健康教育工作，关注学生心理动态；能发现班级中个别学生的异常情绪和言行，并及时和班主任、学校心理辅导室联系，协商应对。

第 二 章

中小学心理健康教育的主要内容

第一节 人格辅导

人格又叫个性,是指一个人独特、稳定、本质的心理倾向与心理特征的总和。人格辅导着重对学生的自我意识、情绪调适、意志品质、人际交往等方面进行辅导,以培养学生良好的个性心理与社会适应能力。

一、小学阶段主要辅导内容

(一)小学低段

1. 生活适应。帮助学生认识班级和学校,了解日常学习、生活环境和基本规则,适应新环境、新集体和新的学习生活,使学生有安全感和归属感。

2. 自我控制。帮助学生树立时间意识和规则意识,初步学会自我控制。

3. 同伴交往。引导学生体验同伴友情,培养学生礼貌、友好的交往品质。

4. 情绪表达。帮助学生认识喜、怒、哀、乐等常见情绪,初步学习合理的情绪表达。

(二)小学中段

1. 自我认知。帮助学生了解自我,正确认识自我,学会合理评价自我。

2. 集体意识。帮助学生融入集体,积极参与集体活动,善于与同学、老师交往,培养学生开朗、合群的品质。

3. 情绪调适。帮助学生认识不同情绪的特点,并初步学习情绪的自我调适。

4. 意志品质。培养学生应对学习挑战与面对学习挫折的能力,培养学生的自信心与坚持性。

（三）小学高段

1. 悦纳自我。帮助学生正确认识自己的优缺点和兴趣爱好，在各种活动中树立自信。

2. 悦纳他人。引导学生建立并维持良好的同伴关系、师生关系，并初步学会处理人际冲突。

3. 异性交往。初步开展青春期教育，帮助学生了解青春期身体发育的特点，引导学生进行恰当的异性交往。

4. 意志品质。帮助学生克服生活、学习中的困难，培养学生的独立性和坚持性。

5. 情绪调适。帮助学生学会合理宣泄愤怒、悲伤等负面情绪，学会基本的情绪调控方法。

6. 社会适应。积极促进学生的亲社会行为，引导学生逐步体验自己与社会的关系。

二、初中阶段主要辅导内容

1. 自我认知。帮助学生加强自我认识，客观地评价自己，建立积极的自我概念。

2. 人际交往。培养学生人际交往的基本技能，感受团队精神，学会尊重、理解与沟通；引导学生认识青春期的生理特征和心理特征，合理把握异性交往的原则。

3. 情绪管理。鼓励学生进行积极的情绪体验与表达，并对自己的情绪进行有效管理，正确处理消极情绪，学会控制冲动行为。

4. 意志品质。培养学生应对失败和挫折的能力以及吃苦耐劳的品质，增强学生的意志力。

5. 社会适应。积极促进学生的亲社会行为，引导学生探索自我与社会、国家和世界的关系。

三、高中阶段主要辅导内容

1. 自我认知。帮助学生确立正确的自我意识，树立人生理想和信念，认同社会主义核心价值观，逐步形成正确的世界观、人生观和价值观。

2. 人际交往。引导学生正确认识自己的人际关系状况，学会换位思考，关注他人的感受，培养人际交往和沟通能力，建立良好的同伴友谊；引导学生正确对待异性交往，区分友谊和爱情。

3. 意志品质。帮助学生应对学业与生活中的压力，进一步提高抗挫折的能力，形成良好的自制力和坚持力；引导学生在遇到困境时，学会积极求助。

4. 情绪调适。引导学生觉察自己的情绪，掌握情绪调控的方法。

5. 心理调适。使学生对常见心理问题有初步认识，提高学生的心理求助意识。

6. 社会适应。积极促进学生的亲社会行为，引导学生开展社会实践体验交流，正确认识自我与社会、国家和世界的关系。

第二节　学习辅导

学习是学生日常生活中的主要任务，也是引发学生各类心理困惑和问题的主要根源。学习辅导应当根据学生实际需求，在学习习惯、学习方法、学习内容等方面为学生提供有效指导，不断激发学生的学习动机，从而使学生在学习上获得进步与成功，增强学习自信心、主动性和积极性。

一、小学阶段主要辅导内容

（一）小学低段

1. 学习兴趣。激发学生的学习动机，使学生感受学习知识的乐趣，引导学生逐步形成积极乐学的学习态度。

2. 学习习惯。帮助学生适应小学课堂学习生活，培养学生的专注力，养成基本的学习习惯。

（二）小学中段

1. 学习能力。初步掌握基本的学习方法，激发学习兴趣和探究精神，使学生树立自信，乐于学习。

2. 学习意志。引导学生在学习中感受解决问题的快乐，培养学生专心致志、持之以恒的学习意志，正确应对学习中遇到的挫折。

3. 学业规划。帮助学生正确处理学习与兴趣、娱乐之间的矛盾，学会制订学习计划，合理安排学习时间。

（三）小学高段

1. 学习态度。着力培养学生的学习兴趣和学习能力，端正学习动机，调整学习心态，正确对待成绩，体验成功的乐趣。

2. 学习意志。帮助学生正确认识学习中遇到的困难和挫折，培养学生持之以恒的学习毅力。

3. 学业衔接。帮助学生了解初中的学习要求，为初中学习生活做好准备。

二、初中阶段主要辅导内容

1. 学习适应。帮助学生适应初中阶段的学习环境和学习内容，激发学习动机，明确学习目标。

2. 思维品质。加强对学生注意力和记忆力的训练，提高学生的自我效能感，使学生通过学习获得成就感和自信心。

3. 学习方法。帮助学生找到适合的学科学习方法，学会合理安排学习时间，提高学习效率,克服拖延等不良学习习惯。

4. 心理调适。帮助学生调整心态,从容应对考试以及成绩的波动,辅导学生克服厌学、考试焦虑等消极学习心理。

5. 学业衔接。开展思维训练,帮助学生提高分析问题和解决问题的能力,为高中学习做准备。

三、高中阶段主要辅导内容

1. 学习适应。帮助学生尽快调整自我定位,掌握高中阶段的学习特点和学习方法,尽快适应高中学习生活。

2. 学业规划。明确各个阶段的学习内容和目标,从自身实际出发制订学业规划,提高高中学习生活的自主计划能力;引导学生结合自身学科优势和专业意向,理性选科、选考及填报高考志愿。

3. 学习方法。帮助学生了解自己的学习倾向和偏好,找到适合自己的学习方法,掌握学习策略,开发学习潜能,提高自主学习能力和学习效率。

4. 心理调适。帮助学生调整学习心态,应对学习、考试中出现的倦怠、焦虑等消极情绪,积极应对学习压力,学会自我激励。

第三节 生涯辅导

人的生命成长历程就是生涯,生涯发展既是一个自然生命的成长过程,也是一个自我设计与创造的奋斗过程。生涯辅导是指运用一套系统的方法提高个人对生涯及其组成要素的认知和理解,在生涯探索的基础上做出生涯规划,尽可能实现其理想生活方式的一种辅导活动。

一、小学阶段主要辅导内容

(一)小学低段

1. 劳动意识。引导学生初步感知劳动光荣,培养学生对劳动的热爱之情和尊重劳动成果的意识。

2. 职业感知。引导学生认识社会常见职业,了解不同职业的社会价值。

(二)小学中段

1. 自我认知。帮助学生进行初步的自我探索,了解自己的兴趣爱好,发现自己的长处与不足。

2. 职业感知。激发学生对工作的好奇心及对职业体验的兴趣和热情,培养学生的社会责任感,增强学习动力。

(三)小学高段

1. 职业体验。帮助学生继续认知社会职业,了解工作的分类与运作,逐步开展职业体验活动。

2. 责任意识。帮助学生增强家庭、集体和社会责任感。

3. 理想信念。帮助学生初步认识生活的意义,初步树立未来的人生理想。

二、初中阶段主要辅导内容

1. 自我认知。引导学生正确认识自我与他人、自我与社会的关系,感知自我目前和未来的社会角色,明确各类角色所须承担的职责。

2. 理想信念。引导学生探索生活的意义,逐步形成积极、健康的人生理想。

3. 学业规划。结合学习辅导的相关内容,帮助学生理解兴趣与学业、职业的关系,将理想与目前的学习建立联系,制订初中三年学业规划。

4. 升学规划。帮助学生正确认识普高、职高等学校的特点,明确自己的中考目标,引导学生做好未来学业和生涯发展的规划。

三、高中阶段主要辅导内容

1. 理想信念。引导学生正确理解生活的意义,正确认识个人与社会、世界的关系,培养学生形成家庭、集体和社会责任感,树立积极、健康的人生理想。

2. 学业规划。结合学习辅导的相关内容,通过对兴趣特长、优势能力、职业价值观的了解,引导学生制订高中三年学业规划。

3. 职业认知。通过心理辅导活动课以及各种社会实践类活动,同时利用家长、校友等社会资源,帮助学生进一步了解大学、专业与职业的相关信息。

4. 生涯决策。通过职业能力倾向、职业价值观的测评以及模拟志愿填报等活动,引导学生进行全面的自我分析与职业规划,帮助学生提高升学与就业选择的主动意识,形成科学态度,增强学生的生涯决策能力。

第四节　亲子关系辅导

亲子关系是个体人生中形成的第一种人际关系,也是个体在成长过程中最重要的关系。亲子关系不但关系着学生当前的生活状况、个性品质,也影响着学生今后对待家庭和社会的态度。亲子关系辅导帮助学生感受家庭关爱,学会合理的亲子沟通方式,帮助家长更新教育理念,培养亲密的亲子关系,从而为学生心理健康发展提供良好的外部环境。

一、小学阶段主要辅导内容

（一）小学低段

1. 情亲感知。引导学生积极参与家庭生活，主动参与力所能及的家务劳动。体会父母的不易和辛劳，懂得体谅父母，感受家庭的关爱。

2. 家教理念。引导家长树立正确的家庭教育理念，认识到亲子关系对孩子发展的重要影响。

（二）小学中段

1. 情亲交往。引导学生乐于与父母交流，感受家庭温暖；培养学生尊重长辈、礼貌待人的交往品质。

2. 亲子沟通。帮助家长学习正确的亲子沟通方式，给予孩子更多的鼓励和肯定。

（三）小学高段

1. 情亲感知。引导学生学会换位思考，关注并理解父母的感受。

2. 亲子沟通。引导家长认识青春期孩子的身心发展特点，了解青春期亲子关系的微妙变化，帮助孩子顺利度过青春期。

二、初中阶段主要辅导内容

1. 情亲交往。帮助学生认识青春期的生理特征和心理特征的改变对亲子关系的影响；引导学生积极与父母进行沟通，学会尊重父母，与父母更好地相处。

2. 情绪调控。鼓励学生进行积极的情绪体验与表达，并对自己的情绪进行有效管理；引导学生正确处理亲子冲突，抑制冲动行为。

3. 亲子关系。帮助家长认识青春期孩子的身心特点，引导家长正确对待亲子关系的变化，正确对待孩子的叛逆行为；引导家长尊重孩子的个人隐私，给予孩子独立自主的空间。

三、高中阶段主要辅导内容

1. 情亲关系。引导学生感受父母在家庭生活中的辛苦付出,更好地了解父母、体谅父母,从而帮助学生正确认识自我,树立处理亲子关系的正确观念。

2. 责任意识。帮助学生明确自己的家庭角色,增强家庭责任感,承担相关家庭事务,为父母分忧。

3. 家长期待。引导家长正确认识家长期待对孩子造成的心理压力,从而对孩子有合理的目标期待。

4. 亲子沟通。引导亲子双方在学生个人生涯发展方面进行充分沟通与交流,从而让学生做出合理的升学、就业选择。

第五节 生命辅导

生命辅导包含两个方面的内容:健康生活教育和生命教育。健康生活教育就是要引导学生形成文明、良好的生活方式,拥有健康而丰富的生活;生命教育就是要引导学生正确认识生命的本质和价值,帮助学生加深对生命的认识,从而形成珍爱生命的意识,积极追求生命的价值和意义。

一、小学阶段主要辅导内容

(一)小学低段

1. 生命意识。帮助学生了解生命的形成与产生过程,感受生命的宝贵,初步树立珍爱生命、关爱他人的意识。

2. 自我保护。帮助学生提高自我保护意识，学会基本的生存技能；使学生了解校园欺凌的表现，学会向老师和父母求助。

3. 生活方式。帮助学生养成健康的生活习惯。

（二）小学中段

1. 生命意识。引导学生感受和认识生命的成长过程，感受生命的力量；帮助学生正确认识死亡，了解生命的珍贵和不可重复性，从而进一步认识生命的价值。

2. 自我保护。帮助学生掌握应对校园欺凌的办法，强化自我保护的意识，懂得如何保护自己的生命。

3. 生活方式。培养学生丰富的兴趣爱好，使学生感受生活与生命的美好。

（三）小学高段

1. 生命意识。引导学生探索生命的意义，认识生命的宝贵。

2. 自我保护。培养学生积极的求助意识，使学生学会遇到困境时向外界求助的合理方式。

3. 生活方式。帮助学生学会合理安排个人闲暇时间，增强学生生活幸福感；引导学生在父母监督下合理使用网络，预防网络成瘾。

二、初中阶段主要辅导内容

1. 生命意识。引导学生正确认识生命的价值，感受生命的美好，增强学生珍爱生命的意识。

2. 自我保护。通过多种形式的活动，使学生对心理问题、心理疾病有一定的了解，并掌握相应的求助方式；帮助学生建立良好的社会支持系统，提高学生应对生命困境的能力。

3. 生活方式。引导学生养成良好的消费习惯，树立正确的消费观，不盲目攀比；引导学生正确对待偶像崇拜，发挥偶像崇拜对学生的正向激励作用；帮助学生正确使用网络，包括网络游戏、网络购物、网络交友等，能区分网络与现实，远离网络暴力、色情等内容，有效预防网络成瘾。

三、高中阶段主要辅导内容

1. 生命意识。引导学生探索活着的意义，帮助学生认识生命的重要价值，增强对生命的情感和责任，形成珍惜生命、敬畏生命的意识；鼓励学生不断追求生命的意义，创造生命的价值。

2. 自我保护。帮助学生认识各类常见的心理疾病，及时摆脱心理困境；向学生传播预防性侵、正确对待性行为、预防艾滋病等方面的知识，使学生学会更好地保护自己。

3. 生活方式。引导学生合理安排个人学习与生活，合理规划个人生活，形成健康的生活方式和积极的生活态度；鼓励学生积极参与社会公益活动，尊重他人生命，激发学生对生命的热爱和对生活的热情；提高学生对网络使用的控制能力，有效预防网络成瘾；引导学生学会合理消费，逐渐培养个人理财意识。

第六节　教师心理辅导

教师心理健康包括健康的生活兴趣、融洽的人际关系、良好的情绪调控能力、积极进取的精神和稳定的工作热情等多个方面。

1. 自我认知。引导教师合理对待来自学生、家长以及同事的评价，帮助教师积极地悦纳自我，即能真正了解、正确评价、乐于接受并喜欢自己。

2. 情绪调控。关注教师的日常情绪反应，引导教师觉察自我情绪和感受，学会合理表达以及调控情绪；增强教师的意志品质以及解决问题的自信与能力。

3. 人际交往。引导教师与人和谐相处，建立融洽的同事关系、师生关系以及家校关系，较好地处理人际关系中的各种冲突与矛盾，建立良好的个人社会支持系统。

4. 职业感知。引导新教师主动适应环境与教育工作要求，增强克服困难的信心和职业胜任感；鼓励中年教师创新教育教学活动，保持工作激情，正确应对职业倦怠等消极情绪，增强职业幸福感；帮助即将退休的教师积极适应社会角色转化，提高职业成就感。

5. 求助意识。介绍常见的心理问题与症状，增强教师遇到心理问题时自我觉察与寻求专业帮助的态度和信念。

第 三 章

中小学心理健康教育的主要形式

第一节　班级心理辅导活动课

一、班级心理辅导活动课的概念、基本性质和主要特点

班级心理辅导活动课是学校心理健康教育课程的具体承载,是中小学心理健康教育的主要工作形式。它以活动课的形式,向学生传授心理健康知识,训练学生的心理素质,陶冶学生的心理品质,以达到全面提高学生心理健康水平的目的。

（一）概念

班级心理辅导活动课,是一种根据学生的身心发展特点和社会需要,以班级团体活动为载体、以班级全体学生为辅导对象、以发展和预防为主要功能,有目的地促进学生更有效地适应学校学习和社会生活的心理教育形式,是学校心理健康教育的理想载体和主要渠道。

（二）基本性质

1. 活动课程。活动课程拒绝传授系统的心理学知识,重视学生的学习经验,强调课程学习是学生自我体验、自我发展、自我实现和自我超越的过程。教师可以根据学生身心发展实际和课程要求,设计和调整辅导目标、内容、策略和课时,满足学生对课程学习的多元化和个性化需求。

2. 发展性团体辅导。发展性团体辅导以班级为辅导单位,着眼同年龄段学生的一般性成长需要和问题,强调健全人格的培育;注重发展性和预防性教育功能,帮助学生认识自我,开发自我潜能,培养学生积极的心理品质。

3. 全员性辅导。全员性辅导是指接受辅导的是全班学生,成员不经筛选,没有挑选的余地，每一个学生都享有接受心理健康教育的权利，不允许随意排斥某一学生参与辅导活动。

（三）主要特点

1. 活动性。活动性是指以活动为中介，促进学生感悟与发展。在教学内容上，通过一定的活动，激活学生在生活和学习过程中的信息和体验；在教学关系上，学生为主，教师为辅；在活动空间上，课堂内外灵活切换和延伸。

2. 体验性。体验性是指通过营造和创设活动情境，引导学生在亲身经历中丰富心理体验，促进其探究、体悟和反思，从而完成心理建构，达成心理成长。

3. 开放性。开放性是指活动目标的开放、活动内容的开放、活动时间的开放、活动空间的开放和师生关系的开放。开放性的重要表现之一是学生个性的张扬、开放和相容，每一个学生的个性都会被尊重并有表现的机会；不追求活动结果与结论的一致性；师生、生生之间平等相容，共同构建安全、和谐、民主的"心理场"。

4. 系统性。系统性是指根据个体社会化发展的线索，按照主题和内容内在的逻辑体系，系统训练和培养学生积极的心理品质。

5. 主体性。主体性是指班级心理辅导活动课鲜明体现"以学习者为中心"的"非指导性教育思想"，高度关注学生对课堂内容学习的积极性、主动性和参与性，通过同伴互动、自我反思和情感体验，让学生在融洽的心理氛围中自由表现自我、认识自我，从而达到改变自我和实现自我的目的。

6. 生成性。生成性是指班级心理辅导活动课的教学过程是一个渐进生长的演进过程，是一个由学生和辅导教师共同创造的过程，是一个不断生成新的辅导素材和新的成长体验的过程。

二、班级心理辅导活动课的教材、课时安排与课型变式

中小学班级心理辅导活动课，由于教材、师资和课时设置等原因，内容和课型呈现多样状态，需根据相关文件、规定和实际情况做出合适的选择。

(一) 教材

教材应选用列入"浙江省中小学教学用书目录"的中小学心理健康教育教材，以确保教材的科学和规范。未经审定的地方教材一律不得进入校园。

(二) 课时安排

按照每班每周一课时的要求，面向全体学生开设班级心理辅导活动课。

(三) 课型变式

常见的课型变式有下面几种。

1. 心理主题班会课。心理主题班会课是运用团体心理辅导活动理念和技巧的主题班会课，或者是保有班会课特点的团体心理辅导活动课，通常由班主任担任引领，也可以由其他教师担任引领。

2. 心理辅导选修课。心理辅导选修课是心理健康教育专（兼）职教师根据学生需要和自己专业特长开设的，可让学生自主选择、自由走班的主题式或专题式心理辅导活动课。

3. 心理短课。心理短课根据班级实际需要，在晨间、午间活动时间或者其他课的课前时间进行，一般课时长度为5—25分钟，可以视具体情况由心理健康教育专（兼）职教师、班主任或其他学科任课教师担任引领。

三、班级心理辅导活动课的教学设计

(一) 确立辅导理念

个体在每一个心理发展阶段中，面临核心问题之后所产生的人格特质，都包括了积极与消极两个方面的可能性。班级心理辅导活动课应以人格发展为第一要务，旨在促进个体在各个阶段都保持向上的积极品质，完成该阶段的任务，逐渐形成健全的人格。

辅导理念的确立，一要精准切入，依据学生的年龄特点、思维方式和行为方式，以及这个阶段的成长危机，解读当下所处的关键期面临的典型性话题和班里学生存在的倾向性问题，坚持以学生心理发展的现实需要为出发点，理性辨析所选主题的逻辑性和针对性；二要重在培养能力，指向认知调整和行为改变；三要坚持正面、积极的取向，着眼当下，面向未来。

（二）确定主题

班级心理辅导活动课的主题涵盖生命成长的各个方面，需要根据辅导理念选择和确定。

1. 选题原则：以学生的发展为本。旨在帮助学生化解成长危机，完成发展任务，满足内心需求，提高生命能量，形成健全人格。

2. 选题要求：受课时限制，为保障活动课效能，通常适宜以某个话题或问题为切入口，深入展开，进行发展性辅导。也可以根据话题或问题的内在逻辑和学生实际情况，选择和确定系列或组合主题，用多个课时展开系列辅导活动。

3. 选题线索：在解读了学生所处年龄阶段的心理特点、发展任务和成长危机的基础上，先做生情调查，再做主题辨析，然后选择命题和切入口。

（三）设定目标

班级心理辅导活动课在确定主题后，还需要有明确的目标指向。

目标是选择和确定班级心理辅导活动课的内容及活动方案的重要依据，是指引心理辅导方向、调控心理辅导过程的参照，也是检验心理辅导有效性的标准。

1. 目标体系

班级心理辅导活动课总目标：提高全体学生的心理素质，充分开发学生潜能，培养学生乐观向上的心理品质，促进学生健全人格的发展。

班级心理辅导活动课总目标的操作性要求：学会认识自己，学会有效学习，学会社会交往，学会适应环境。

2. 目标设定要点

（1）以发展性目标为主，防治性目标为辅。

（2）目标须分层级。明确终极目标、阶段目标、单元目标、课时目标的区别和联系，准确定位目标层级。

（3）目标须集中。班级心理辅导活动课必须集中有限的时空资源，重点突破目标要求。因此目标设定不宜面面俱到,一般聚焦在成因、反应、化解、防范这几个梯度。

(4)目标须明晰。切忌表述上的空洞、模糊、晦涩、歧义。要考虑目标表述是否清晰,学生能否理解,能否激发学生参与的活力,能否带领团体达成目标。

(5)目标须可操作。可操作首先体现在目标编写中须有动词,比如认知上用"了解""懂得""转变",行为上用"学会""培养""改变",情感上用"体验""感悟"等,体现目标的行为特征,既便于目标落实,也便于观察、评定目标的达成情况;可操作还体现在目标的适度性上,不超越也不低估学生的年龄特征和能力水平。

附:班级心理辅导活动课教学设计方案

学校		执教教师姓名	
活动主题		(可另设副标题)	
适用年级段			
活动理念			
活动目标			
活动内容			
活动形式			
活动准备			
活动过程		(可另附纸)	
活动效果评估方法			

(资料来源:宁波市中小学心理健康教育指导中心办公室)

（四）教学活动

结构式的课堂形态一般有"团体热身阶段 — 团体转换阶段 — 团体工作阶段 — 团体结束阶段"四个环节（阶段）；非结构式的课堂形态一般有"热身和暖场 — 活动和体验 — 感悟和共识 — 升华和践行"四个环节（阶段）。

以最为常见的结构式课堂形态为例：

基本环节	课堂状态	设计重点	常用活动	一般用时
团体热身阶段	学生情绪精神准备不足；对主题和目标茫然；互动氛围尚未形成。	情绪接纳：促成学生初步互动；营造轻松温暖的氛围；建立活动规则；引出活动主题。	游戏、肢体活动、音乐、头脑风暴等。	5分钟左右
团体转换阶段	创设情境，提出问题，激发学生探索问题的积极性。	展开主题：以具体的方式提出某个班级学生共同关心的问题，引出学生的不同观点，形成不同认知方式或行为方式的碰撞和冲突。	小品、视频、游戏、案例、故事等。	10分钟左右
团体工作阶段	学生间彼此信任、接纳的氛围基本形成，互动关系稳定；开启"自我开放、面质、回馈"的团体动力运作。这是班级心理辅导活动课最具实质性意义的阶段。	问题探索：设置中等强度以上的互动活动，继续催化正向团体动力；有秩序地设计指向目标达成、满足学生心理成长和行为改变需求的活动。	综合运用、团体讨论、创意思考、联想活动、辩论活动、机智问答、角色扮演、身体活动、回馈活动等。	20分钟左右
团体结束阶段	辅导历程的最后阶段，是关系学生能否将课堂所学带入现实生活、自觉或不自觉保留对团体正向还是负向情绪的关键节点。	问题解决：团体主题探索圆满收官；彼此回馈、升华团体的正向记忆；激励学生将课堂所获的认知和经验生活化、行动化，把收获延伸至课外。	小结活动：我的收获、把心留住、笑迎未来、礼物派送等。	5分钟左右

四、班级心理辅导活动课的教学评价

（一）班级心理辅导活动课过程评价表

评价标准	具体要求	权重	评价 A（1.0）	B（0.8）	C（0.6）	D（0.4）
辅导理念基本正确	选题有针对性，符合学生年龄特征，并非盲目模仿	5				
	对辅导主题及核心概念理解正确，把握无重大偏误	10				
	能对学生偏离主题的发言进行妥善的引导	5				
活动设计思路清晰	整体设计有创意，不照搬教学参考资料	5				
	活动形式活泼生动，具有较强的动感	10				
	活动线索清晰有序，每一步骤紧紧围绕主题需要	5				
活动过程氛围和谐	催化团体动力，气氛和谐活跃，学生参与积极性高	10				
	小组认真互动，班级分享有启发性，发言有真情实感	10				
	自觉遵守团体规范，现场活而不乱	5				
辅导技巧运用得当	辅导教师高度尊重学生，教态、语言有亲和力	5				
	注重倾听、关注、同感、重述、具体化等技巧的使用	10				
	注意适时引导，对学生发言的回应简洁又比较到位	10				
辅导效果比较明显	学生在活动中有感悟、有体验，情感投入度较高	5				
	能自主提出解决自身困惑问题的对策，促进自我成长	5				

（资料来源：钟志农，2002）

（二）班级心理辅导活动课教师活动自评表

活动名称：　　　　　　　　　班级：　　　　　日期：

请教师自我评析这次活动的心得或感想，以作为设计往后活动的参考。请就下面每个题目符合你的想法或感受的程度，在适当位置打"√"。

评量行为	教师自评			
	非常符合	有点符合	不太符合	很不符合
1. 活动设计符合单元目标。				
2. 活动内容、过程生动活泼。				
3. 学生能用心参与活动。				
4. 学生讨论相当热烈。				
5. 各组讨论主题相当深入。				
6. 活动分组相当适切。				
7. 学生颇能遵守活动的规则。				
8. 善用教具，让学生更喜欢参与活动或活动更顺畅。				
9. 活动时间分配相当妥当。				
10. 活动准备充分，活动场地或环境布置颇佳。				
11. 整体而言，这次活动相当成功。				

对这次活动，我的心得是：

这次活动中，我最高兴的事情是：

今后须改进的事项：

　　　　　　　　　　　　　　　　　　　签名：_____

（资料来源：李坤崇.班级团体辅导，1998）

(三)班级心理辅导活动课效果评价

1. 学生满意度评价量表

第___册第___单元第___课	_____年___月___日填
亲爱的同学们,我们这次的辅导活动课又将结束了。我们很想了解你对今天活动的一些感受和意见,好作为我们下一课程的参考。请你阅读下列每个问题,并考虑与你的想法或感受的符合程度,在0—10分之间选择符合你实际情况的数字填在表格中。	

问题	很不符合 很符合 0分—10分
1. 我能在这次辅导活动课中向别人表达我的看法。	
2. 我喜欢这次辅导活动课的内容。	
3. 我觉得在这次辅导活动课中学会了要去关怀别人。	
4. 我觉得对自己越来越了解了。	
5. 这一次辅导活动课使我对自己越来越有信心。	
6. 在这次辅导活动课中我乐意和其他人分享我的经验。	
7. 我觉得这一次辅导活动课的经历很有意义。	
8. 我觉得这一次辅导活动课中大家都是相互信任和坦诚的。	
9. 我喜欢辅导教师的上课方式。	
10. 我认为下一次可以改进的地方是:	

签名:_____

(资料来源:吴武典.团体辅导手册,1991.收录时略有改动)

2. 学生行为改变问卷

亲爱的同学：

　　这份问卷是希望知道你在上过这几次课后，在日常行为方面是否有了一点改变？这份资料是供老师总结经验时参考用的，内容绝对保密。请你据实填写，并且依据符合程度在右边相应的格子里打"√"。谢谢你的合作！

问题	很符合	符合	不确定	不符合	很不符
1. 比较能尊重别人的物品。					
2. 更能控制自己的行为了。					
3. 比较能知道如何与老师相处了。					
4. 初步了解了性知识。					
5. 比较能有计划地使用自己的金钱。					
6. 比较能了解如何与异性相处。					
7. 不太会和同学发生肢体上的一些冲突了。					
8. 比较有耐心地听别人和我不同的意见。					
9. 朋友邀我出去时，比较会先考虑这些活动是否适合我参加。					
10. 比较不会和爸爸妈妈顶嘴了。					
11. 比较能知道毕业以后大概要做什么事情。					
12. 比较能控制自己的情绪了。					
13. 比较不会和老师顶嘴了。					
14. 了解了以前自己并不知道的别人对我的看法。					
15. 比较愿意参加班级的各项活动了，并且能起带头作用。					

续表

亲爱的同学：

　　这份问卷是希望知道你在上过这几次课后，在日常行为方面是否有了一点改变？这份资料是供老师总结经验时参考用的，内容绝对保密。请你据实填写，并且依据符合程度在右边相应的格子里打"√"。谢谢你的合作！

问题	很符合	符合	不确定	不符合	很不符
16. 双休日和假日中，比较会安排自己的活动了。					
17. 和同学相处时争吵的事情少多了。					
18. 放学后如果不能按时回家，会事先打个电话给家里。					
19. 假如父母不答应我的要求，我也不会和他们怄气了。					
20. 有些不良习惯已经改过来了。					
21. 比较能静下心来读书了。					
22. 比较能规劝别人不要欺负弱小。					
23. 在批评别人之前，会先想想用什么表达方式比较恰当。					
24. 比较主动关心别人了。					
25. 当自己有心理困惑时，愿意主动去向辅导教师求助了。					

签名：_____

（资料来源：吴武典. 团体辅导手册, 1991. 收录时略有改动）

第二节　小团体辅导

一、小团体辅导的概念、功能与特点

（一）概念

小团体又叫小组，是指具有同质性的一群人（6—12位），出于自己意愿或追求共同目标而组合成的团体。（周美伶、杨文贵，1979）小团体辅导又叫小组辅导，是在团体情境下进行的一种心理辅导形式。它通过团体内人际交互作用，促使参与者在交往中通过观察、学习、体验，认识自我、探讨自我、接纳自我，调整、改善与他人的关系，学习新的态度与行为方式，以发展良好的适应能力，进一步减轻或解除自己的困扰，达到成长的目的。

（二）功能

小团体辅导具有多项功能：了解自己与其他成员的相似处；觉察小团体成员正向的关怀、接纳与同情；在团体中一致、清晰、肯定地表达自我；目睹成员进行真实、勇敢、开放的情绪表达；在小团体中感受温暖与亲近等。（Yalom，1985）

（三）特点

小团体辅导常以主题为导向，问题的提出和解决主要由小团体成员决定，主要关注对小团体成员影响最深刻的话题，侧重于挖掘小团体成员的内在潜能。

小团体辅导最主要是要创造信任的氛围，来促进成员毫无保留地倾诉、认真地倾听、共同寻找问题的解决之道。

二、小团体辅导的运作模式

（一）小团体形成

成员的选择决定了小团体的性质和范围。例如：是以有问题行为的学生为对象，还是以有学习、情绪困扰的学生为对象？或以单亲家庭的学生为对象？对象确定后才能进一步明确设定小团体辅导的目标。

（二）成员甄选

根据小团体的性质选择成员，可以是具有外显性行为的学生，例如：有攻击行为、破坏行为、反社会行为等，此类学生较容易被发现；也可以是没有外显性行为，但有内在困扰、退缩、被动、需要协助的学生，教师须仔细观察其内在、外在的反应来发现此类学生。

成员甄选可以通过辅导教师运用观察、家庭访视或个别谈话等程序进行，也可以请各班老师协助推荐，或采用鼓励学生自主报名的方式来增强学生的参加意愿。对可能参与的学生要做初步的了解，以决定他们是否符合原先设定的标准。

甄选过程中要特别尊重学生的意愿，必须让其了解小团体的目标、性质和过程，要以学生能了解的方式简单说明，不要使用术语或使学生感到不解的言辞。

辅导教师须注意并非每个对象范围内的学生都适合小团体辅导。无意愿的参加者，除凑人数，不但对其本人毫无意义，而且会对小团体造成不良影响。

（三）人数、年龄差和分组

1. 人数

每个学生小团体的人数通常以六至十二人为宜。

小团体的具体人数须根据学生的年龄及辅导教师的能力而定，年龄愈小，小团体的人数愈不可多。

学生一般缺乏耐性，若小团体人数过多，容易使他们失去倾听的耐性，还会利用不适当的行为来吸引教师的注意，可能会造成小团体辅导过程中的阻力，也会影响成员间互动的深度及广度。

2.年龄差

成员间年龄的差距最好不要超过两岁。

要避免小团体中的成员因年龄差太大（例如高年级与低年级）而产生格格不入的感觉，或者因为语言的成熟度不一，造成低年级的同学退缩，无法积极地参与小团体。

3.分组

原则上将同年级、同性别的学生编为一组，性格方面（内、外向）则尽量平均分配。但当小团体有特殊目的时，可做适当调整，一般男女比例可各占一半。

三、小团体辅导中的辅导教师

（一）角色功能

在小团体中，辅导教师具有三种主要角色。一是指导者。辅导教师需要设计辅导活动并指导和推动整个辅导活动的进行。二是协助者。辅导教师是小团体中唯一的成人，要去协助小团体成员的成人，这个成人是成员生活中不可缺少的人物，就像在家里孩子需要父母，在班级中学生需要老师一样。三是学生领袖。辅导教师在辅导过程中要成为小团体中的一员，成为成员的伙伴，和成员打成一片，并能起到领头作用。

（二）角色条件

作为一个小团体的辅导教师，必须具备下列条件。

1.深谙学生心理发展规律及行为表现特征。

2.了解一般的辅导原理。

3.了解团体动力学、心理治疗及精神病理学。

4.要有参与一般成长团体的经验。

5.能运用辅导技术，如处理抗拒的技术、应对沉默的技术、情感转移的技术等，以妥善应对发生在小团体中的相关问题。

6.具备多元文化的认知与包容态度。

(三)注意事项

1. 重视小团体内和谐关系的建立,并培养温暖、接纳、相互尊重的氛围。

2. 不利用小团体压力迫使成员说话。

3. 不能过分注意个别的案例而忽略整个小团体。

4. 允许成员有足够时间独立地思考与反应。

5. 对于小团体中发生的事故,不要干涉得太快而阻止了情感交换的发展。辅导教师应等问题明朗化,或成员对某一问题有共同的感受时,才提供引导性建议。

6. 避免在辅导过程中做价值评判。

7. 尽量用鼓励的方式来强化成员的行为。

8. 在辅导过程中,不宜有太多的指导而养成成员的依赖性。

9. 活动设计要考虑每一个成员的生活背景、认知能力及参与机会等因素。

四、小团体辅导常用的辅导技术[1]

(一)参与性技术

技术反应	操作要点
1. 倾听	在接纳的基础上,掌握成员言语和非言语的真正内容,适度地参与。表达对成员的尊重,促进成员的充分表达、情绪宣泄、自我探索、自我发展。
2. 重复	辅导教师直接重复成员刚说的话,提醒成员重视自己的某句话,确认要表达的内容或重复未听清的内容。
3. 尊重	辅导教师把成员视为有人权、有价值、有感情、有独立人格的人,无条件接纳成员,以平等、礼貌、信任和真诚的态度与成员相处。
4. 热情	辅导教师用耐心、周到、细致的态度对待成员,助人愿望真诚流露,带动小团体辅导的积极气氛。
5. 鼓励	辅导教师通过语言等对成员进行鼓励,促进其自我探索和改变。
6. 具体化	辅导教师协助成员清楚、准确地表述其观点、情感以及所经历的事件。
7. 共情	辅导教师从成员的角度看待其面临的问题,设身处地为成员着想。

---

[1] 刘林涛.《高三学生考试焦虑认知中心团体辅导手册》的修订及研究[D].云南师范大学,2014.有删改。

续表

技术反应	操作要点
8. 提问	适时运用开放式和封闭式问句。 开放式：辅导教师提出的问题没有预设好的答案，成员不能简单地回答"是"或者"否"，也不能简单地用一两个字或一两句话来回答。此类问题可尽可能多地收集成员的相关资料和信息。 封闭式：辅导教师提出的问题带有预设的答案，成员的回答不需要展开。此类问题可使辅导教师明确某些问题的实质范围。
9. 释义	内容反应：辅导教师把成员讲述的主要内容进行概括、综合与整理，然后用自己的话反馈给成员。 情感反应：辅导教师把成员陈述的关键情绪、情感进行概括、综合与整理，然后用自己的话反馈给成员。

（二）影响性技术

技术反应	操作要点
1. 积极关注	辅导教师对成员言语和行为的积极、光明、正向的方面予以关注，帮助成员辩证客观地看待自己，从积极的方面引导提问。
2. 解释	辅导教师在参考框架内，对成员的思想、情感和行为的原因、实质等做理论和经验的分析。
3. 自我开放	辅导教师通过言语和非言语行为有目的地表露关于自己的信息。
4. 阻止	辅导教师运用言语或非言语行为，防止成员在小团体中出现不适当的言语与非言语行为，不针对个人，也避免贴标签。
5. 促动	辅导教师采取言语或非言语行为，如热身活动或请某位成员分享，促使小团体成员进入团体的工作情境，启动或催化团体动力。
6. 引导	辅导教师通过成员对某些事件的感受和认知引领话题，促使成员思考小团体辅导的主题，从而形成迁移。
7. 指导建议	辅导教师直接指示或告知成员做某件事、说某些话或以某种方式行动。
8. 聚焦	辅导教师判断小团体发展的焦点，用聚焦技术使小团体有明确的发展和讨论的方向，不偏离主题。
9. 连接	把成员未觉察到的一些有关的片段（过去与现在连接、不同事件连接）资料予以串联，促使成员思考。
10. 作业	通过认知性作业或操作性作业促使成员改变。
11. 信息提供	为小团体成员提供一些有可能帮助其改变的信息。

五、小团体辅导的过程

（一）小团体辅导的一般阶段

1. 前阶段。这一阶段辅导教师要做的工作包括小团体辅导方案的设计以及成员的筛选。

2. 初始阶段。在这个探索期，成员会将某些期待、担忧和焦虑带入小团体。辅导教师应通过多样活动和方式让成员们逐渐熟悉，然后带领成员通过熟悉小团体规则，判断小团体的安全性，消除对小团体的恐惧，产生对小团体的期待，建立初步的信任；成员确认安全后，让成员开始判断自己的问题，明确自己参与小团体的目的。辅导教师要注意对小团体成员反应的应对方式，这决定着相互之间信任关系的发展程度。

3. 过渡阶段。在这一阶段，辅导教师不仅需要帮助成员克服恐惧、焦虑、犹豫和防御心理，逐渐明确其问题或困惑所在，还需要帮助他们接纳自己。

4. 工作阶段。辅导教师的工作重在促进成员行为的改变。

5. 结束阶段。这个阶段的主要任务是总结、整合团体经历中的收获和经验，进一步明确学习的成果和决定怎样将新的行为变成日常生活的一部分。辅导教师的主要工作包括处理分离的感受、回顾团体经历、讨论未完成事件、练习行为改变、设计行动计划、确认故态复萌时的应对策略以及建立一个支持网络。

（二）小团体辅导中的氛围营造

1. 避免竞争。在学生的小团体辅导中要避免竞争的气氛。学生在学习情境中已经历太多的竞争，所得到的挫折感已足够伤害其自我观念。这些竞争也导致了学生之间的人际疏离与冷漠。面对这种状况，在小团体辅导中，需要多鼓励学生相互信任、共同合作、彼此接纳，以增进个人的归属感和协助个人获得认同与尊重。

2. 合理表达负向情绪。辅导教师要特别注意创造具有安全、信任气氛的团体环境，让学生感觉到他可以自由地表达自己的情绪，尤其要让学生不必担心表达负向的情绪。压抑负向情绪常常是他们不适应行为的根源。辅导教师要帮助学生学习合理表达负向情绪，不要伤害自己或他人，尽量降低让压抑的愤怒成为学生报复或迁怒行为来源的可能性，并尽量避免让学生因为这种行为受到父母或老师的惩罚，或造成自己不良的人际关系。要使学生明了负向情绪应在适当时机以适当方式加以宣泄。辅导教师要始终呈现尊重、同理与接纳的态度，这对培养学生小团体默契的关系或气氛有关键性作用，对小团体的催化进展有决定性影响。

（三）成员在小团体辅导过程中的心理变化

在小团体辅导的过程中，成员的心理会随辅导的不同时期而发生变化，辅导教师需了解这些变化和特点，并据此做出辅导策略和进程的调整，以更有效地帮助成员改变和发展。

1. 小团体辅导初期

成员在小团体辅导初期最容易有不安感或羞耻感，所以表现出来的常是发泄情绪与攻击性的行为，此时期成员会感受到不安全、怀疑、恐惧、茫然、不知所措等情绪，甚至可能有退缩的现象。

通常不宜由问题作为开始。辅导教师要先自我介绍，说明自己在小团体中的角色。然后，辅导教师宜用引起成员兴趣的话题作为开始，如谈论热门影视剧、角色扮演等都是好方法。

2. 小团体辅导中期

此时期成员会呈现两种心理趋势：一种是反抗心理，对辅导教师怀有敌意，甚至拒绝参与小团体；另一种是依赖心理，对辅导教师有正向情感转移的现象，甚至想独占辅导教师或独占小团体。这个时期小团体成员之间也可能会有对立的情形，即派别的产生，或非正式团体出现，彼此之间互相竞争、攻击。

3. 小团体辅导后期

在小团体辅导后期，成员可能感受到辅导教师、成员之间和整个小团体的影响，对自己真正了解和接纳，新行为模式也逐渐产生，对这个"小社会"充满了安全与信赖的感觉。同时成员在已有相当亲密关系的小团体将要结束的时候总是会有一点离愁。

此时，辅导教师并不宜去掩饰愁绪，可以设计活动让大家进行分享，但更重要的是让成员对小团体辅导做些回顾与整理，并且把讨论话题引向未来展望，使成员在情感上不再继续依赖小团体，从今往后有信心独立尝试新的行为和生活。

（四）小团体辅导的主要方式

在中小学小团体辅导之中，由于成员年纪小，宜采取活动与讨论并重的方式。

活动的方式以游戏为主。在成员的语言表达及独立思考能力尚未完全发展以前，游戏是成员最感兴趣的、最自然的自我表现方式。尤其在每次小团体辅导之前的热身环节，采用游戏最具有吸引力，成员参与性最高，能较顺利引导成员参与每次小团体辅导活动。辅导教师可利用游戏引导成员走向建设性的方向，或学习适当的新行为。

活动的方式除了游戏，还有讲故事、绘画、听音乐、讨论会和团体咨询等。

六、小团体辅导方案示例

"小学四、五年级害羞儿童游戏治疗取向团体辅导"方案

一、辅导对象

（一）选取×市×小学四、五年级学生为测试对象，对预试对象施测"小学儿童害羞量表"和"小学生生活适应量表"，根据平均数低于一个标准差及班主任老师的推荐，选取辅导对象20人。

（二）确定辅导成员名单后，辅导教师分别对他们及其班主任进行了访谈，掌握他们在害羞、适应性、家庭情况、在校行为、心理健康等方面的资料，以便完整地了解个案及其行为。

二、辅导准备

（一）测试量表："小学儿童害羞量表""小学生生活适应量表""游戏行为观察记录表"。

（二）建立游戏室，配备具有治疗功能的各类玩具。

（三）编制单元观察记录表、阶段反馈表和总反馈表，结合测试量表，用质性和量性的方式验证游戏治疗取向团体辅导的效果。

三、辅导过程

根据游戏治疗发展阶段理论，将方案设计成循序渐进的四个阶段，即建立关系阶段、自我探索阶段、问题呈现与解释阶段和结束阶段，再根据这四个阶段有针对性地设计出十二次具体的团体辅导活动。

第一单元：快乐游戏大本营

单元目标

1. 认识团体成员。
2. 熟悉游戏室。
3. 澄清团体目标。
4. 订立团体规范。

活动内容

活动项目	活动内容	时间	备注
1.自我介绍	由辅导教师带头，选一个可爱的毛绒娃娃，扔给其中一个成员，被扔到的一位要做简单的自我介绍。	5分钟	至少要说明自己的班级和姓名
2.说明团体目标、介绍游戏室、制定团体规范	辅导教师带领成员参观游戏室及玩具、说明团体目标，同时和成员一起制定团体规范。将写好的团体规范贴到房间显眼的地方。	20分钟	团体规范主要包括保密、准时、不破坏游戏室和玩具、不伤害自己和他人等
3.自由游戏	成员自行玩游戏，辅导教师跟随、观察和反馈。	30分钟	观察每一个成员
4.团体分享	用一句话说说今天的感想。	5分钟	鼓励与倾听

第二单元：让我们彼此更熟悉

单元目标

    1. 进一步建立关系。

    2. 促进团体凝聚力。

    3. 初步自我开放。

活动内容

活动项目	活动内容	时间	备注
1. 暖身活动：拇指印	选一块橡皮泥，把大拇指印在橡皮泥上，观察拇指印的特点以及和别人的拇指印的区别。	5分钟	准备橡皮泥；游戏室光线要好
2. 猜猜他是谁	每个成员都在纸上写下自己的特点、爱好等关于自己的信息，把纸折起来放在一起，辅导教师随机抽取一张纸朗读，成员们猜这个人是谁。	15分钟	鼓励与倾听
3. 自由游戏	成员自行玩游戏，辅导教师跟随、观察和反馈。	30分钟	要关注特别害羞和有困难的成员
4. 填写阶段反馈表	成员填写阶段反馈表。	10分钟	准备铅笔

第三单元：我最喜欢的动物

单元目标

    1. 探索自我。

    2. 进一步自我开放。

活动内容

活动项目	活动内容	时间	备注
1.暖身活动：心有灵犀	让成员选择一名自己喜欢的同伴，闭上眼睛相对而坐。分别握住对方的右手，并且大拇指相对，用拇指来决定两人之间谁当A，谁当B，最后辅导教师检验他们是否"心灵相通"。	5分钟	指导语要简练、清晰
2.我最喜欢的动物	在活动区域中间摆放各种动物，让成员自行选择一个跟自己个性最像的动物，并说说原因。	15分钟	要避免几个成员抢一个动物，遇到这样的情况时，可以协商让谁先挑，但先挑的人必须先讲
3.自由游戏	成员自行玩游戏，辅导教师跟随、观察和反馈。	35分钟	注意反馈的均衡性
4.团体分享：心情脸谱	拿出事先做好的各种表情的脸谱，让成员选择一个最适合自己现在心情的脸谱，并说说原因。	5分钟	要避免几个成员抢一个脸谱，处理方式同上

第四单元：我的家庭

单元目标

1.探索家庭气氛、亲子关系及对家庭的认知。

2.进一步自我开放。

活动内容

活动项目	活动内容	时间	备注
1.暖身活动：爸妈说	由一名成员做命令者，当发号的施令前面带有"爸爸妈妈说"时，其他成员就要做出相应的动作，如果没有"爸爸妈妈说"，则不需要做动作。	5分钟	指导语要简练、清晰

续表

活动项目	活动内容	时间	备注
2.画"我的家庭"	请成员画出目前家里的所有成员及他们正在做的事情。不要担心画得像不像,只要画出想画的就可以。画好后请愿意向集体分享的成员做分享。不愿意分享的成员,辅导教师在自由游戏时做个别了解。	25分钟	辅导教师巡视,并通过提问的方式最大限度地了解画的内容和含义
3.自由游戏	成员自行玩游戏,辅导教师跟随、观察和反馈。	25分钟	注意反馈的均衡性
4.团体分享	拿出自己的画,然后选择一位家人,说出自己最想对他(她)说的话。	5分钟	

第五单元:小时候的记忆

单元目标

1. 探索重要经历。

2. 重新体验创伤情绪。

3. 认识自己的行为目标。

活动内容

活动项目	活动内容	时间	备注
1.音乐幻游:小时候的记忆	让成员找一个最舒适的位置坐下或躺下,闭上眼睛,全身放松。放音乐,念指导语:"我现在要带领大家坐上时光机,穿过时光隧道回到过去。在你很小很小的时候,读小学以前,你记忆最深刻的一件事是什么呢?不管好或坏,重要或不重要,只要是你可以记起来的事,仔细地想一想,当时你做了什么?有谁在你身边?他们在做什么呢?(停顿30秒)好。现在你长大一些了,要上小学了,又发生了什么事呢?"(重复上述细节)	10分钟	指导语要简练、清晰;节奏、语调要配合音乐,控制得当,也可以事先录制好指导语

续表

活动项目	活动内容	时间	备注
2.写下记忆最深刻的几件事并说出当时的感受	让成员简单写下三到四个早期记忆,一起交流故事的细节,并说出当时的情绪和感受。	20分钟	鼓励与倾听
3.自由游戏	成员自行玩游戏,辅导教师跟随、观察和反馈。	25分钟	注意反馈的均衡性
4.团体分享:情绪温度计	用温度计表达今天的心情指数,并说说原因。	5分钟	

第六单元:我在学校

单元目标

1. 了解在学校的人际互动。

2. 认识对自己、他人和世界的看法。

活动内容

活动项目	活动内容	时间	备注
1.暖身活动:齐心协力	十个成员五个一排面对面交互站立,每人伸出一根食指成一直线,放上一条竹竿,十人齐心协力,把竹竿从胸前慢慢放回地上。其间,每个人的食指都不能离开竹竿。	5分钟	指导语要简练、清晰
2.画"我在学校"	请成员画出自己在学校的哪个地方做什么,有谁在旁边,他们在干什么。不要担心画得像不像,只要画出想画的就可以。画好后请愿意向集体分享的成员做分享。不愿意分享的成员,辅导教师在自由游戏时做个别了解。	15分钟	辅导教师巡视,并通过提问的方式最大限度地了解画的内容和含义
3.自由游戏	成员自行玩游戏,辅导教师跟随、观察和反馈。	30分钟	注意反馈的均衡性
4.填写阶段反馈表	成员填写阶段反馈表。	10分钟	准备铅笔

第七单元:动物布偶戏

单元目标

1. 呈现问题与困扰。

2. 发现自己处理问题的能力。

活动内容

活动项目	活动内容	时间	备注
1.布偶戏	让成员选择自己喜欢的搭档,利用游戏室的布偶、毛绒玩具及其他道具,一起编制和表演一个完整的故事。	25分钟	指导语要简练、清晰;如果秩序乱,则强调团体规范
2.自由游戏	成员自行玩游戏,辅导教师跟随、观察和反馈。	30分钟	注意反馈的均衡性
3.团体分享	说说今天印象最深刻的一件事。	5分钟	鼓励与倾听

第八单元:相互说故事

单元目标

1. 呈现问题与困扰。

2. 发现自己处理问题的能力。

活动内容

活动项目	活动内容	时间	备注
1.相互说故事	指导语:"各位同学好,今天的游戏是相互说故事。故事要自己编出来,不能是电视上或者书上看来的;讲故事的时候,要有一个开头、一个过程和一个结尾;在讲完故事之后,说出这个故事隐含的意义。当然如果一个故事越惊险刺激,观众就越觉得它有趣。一个同学讲完自己的故事后,另一个同学要改编他的故事,即故事开头一样,但结局不一样,然后也要说一说这个结局隐含的意义是什么。好,今天第一个要讲故事的人是谁呢?"	25分钟	指导语要简练、清晰;人数多的时候,可以采用成员报数的方式分组,报单数的同学编自己的故事,报双数的同学改编他人的故事

续表

活动项目	活动内容	时间	备注
2.自由游戏	成员自行玩游戏,辅导教师跟随、观察和反馈。	30分钟	注意反馈的均衡性
3.团体分享:圆盘心情	给每个成员发一张圆形剪纸,让他们用彩色笔画出自己今天的心情。看看有多少成员是高兴的,有多少成员是遗憾的,并让他们说说对下次游戏的期望。	5分钟	

第九单元:心中的恐惧

单元目标

  1.找出心中的恐惧。

  2.释放内在压力与焦虑。

  3.学习处理情绪的技巧。

活动内容

活动项目	活动内容	时间	备注
1.画出心中的恐惧	让成员在吹好的气球上画出自己最害怕的物体或情境。 个别成员分享:你最害怕的是什么?有没有什么好办法可以把这些恐怖的东西去掉?如果你拥有魔法,你希望这些恐怖的东西或情境变成什么样子?	15分钟	指导语要简练、清晰;鼓励分享者
2.气球大爆炸	通过各种方式使气球爆炸。	10分钟	注意安全性;建议胆小的孩子用铅笔或者其他尖锐物体帮忙
3.自由游戏	成员自行玩游戏,辅导教师跟随、观察和反馈。	30分钟	注意反馈的均衡性
4.团体分享	用一句话表达今天的感受和对下次游戏的期望。	5分钟	

第十单元:面具人

单元目标

1. 培养想象力和创造力。

2. 增进处理情绪的技巧。

3. 预告团体结束。

活动内容

活动项目	活动内容	时间	备注
1.制作面具	利用彩色纸、绘画纸、颜料、橡皮泥、美工剪刀、双面胶等工具,制作一个有个性的面具。	10分钟	指导语要简练、清晰
2.戏剧表演	让成员戴上面具,自行进行戏剧表演。	10分钟	注意安全性
3.自由游戏	成员自行玩游戏,辅导教师跟随、观察和反馈。	30分钟	注意反馈的均衡性
4.填写阶段反馈表	成员填写阶段反馈表。	10分钟	准备铅笔

第十一单元:快乐购物

单元目标

1. 学习社会交往的技巧。

2. 学习替代性行为。

3. 预告团体结束。

活动内容

活动项目	活动内容	时间	备注
1.快乐购物	提供各类角色:警察、售货员、银行职员、二手市场老板、超市经理、消费者、小偷。 游戏规则:在场所有的成员都扮演一个角色,游戏室的所有玩具都作为商品,每个人都拥有相同的财产。消费者要用货币购买	20分钟	指导语要简练、清晰

续表

活动项目	活动内容	时间	备注
1.快乐购物	自己想要的玩具,如果玩腻了,可以转二手市场。转二手市场的过程中可以讨价还价。商场和二手市场可以通过各种活动吸引消费者,增强竞争,以提高自己的营业额。最后以个人最终财产的多少决定奖励的多少。		
2.自由游戏	成员自行玩游戏,辅导教师跟随、观察和反馈。	35分钟	注意反馈的均衡性
3.团体分享	说说这次买卖中的得失。	5分钟	

第十二单元:互送祝福

单元目标

1. 鼓励与肯定个人价值。

2. 回馈及结束团体。

活动内容

活动项目	活动内容	时间	备注
1.自由游戏	成员自行玩游戏,辅导教师跟随、观察和反馈。	20分钟	注意反馈的均衡性
2.填写总反馈表	成员填写总反馈表。	10分钟	巡视及提问
3.拍照留念,互送祝福	辅导教师将事先准备好的礼物送给每个成员,成员互送祝福。最后全体拍照留念。	30分钟	

(案例来源:徐儿.游戏治疗取向团体辅导对害羞儿童生活适应的影响研究,2006.收录时略有改动)

第三节 个别辅导

一、个别辅导的概念

个别辅导是指具有辅导资质的教师在与来访学生建立开放、协调关系的基础上，运用心理辅导的原理与技术，帮助来访学生解决心理困惑，改变其原有的认知结构和行为模式，提高其对生活的适应性和调节周围环境的能力，并促使其实现人格成长的助人过程。

二、个别辅导的内容

从促进学生发展、培养学生健全人格这个目标出发，只要是与学生心理发展过程中的心理需要、行为训练、个性形成有关的方面，都应是个别辅导的内容。个别辅导主要有以下几个方面：学习心理辅导、人格心理辅导、生活心理辅导、升学和择业心理辅导、青春期性心理辅导等。

三、个别辅导对象及主要来源

（一）辅导对象

中小学的个别辅导，虽然也涉及教师和家长，但主要是针对学生——主要是那些因某个发展阶段、生活（学习）经历、突发事件等原因而产生心理困惑或心理障碍，导致无法正常学习和生活，并请求帮助的学生人群。

如果经过专业判断，来访学生已有明显的心理疾病，或出现心理危机倾向，应及时启动转介程序，由专业的心理疾病诊治医院对其进行治疗。

（二）辅导对象的主要来源

1. 来自学校心理辅导室的普测筛查，如 SCL-90 测试筛检出的问题人群。

2. 来自学生主动求助的个案。

3. 来自班主任介绍的个案。

4. 来自班级心理委员汇报的个案。

5. 来自家长求助的个案。

四、个别辅导教师的专业素养

1. 对人关怀、有兴趣。喜欢与人在一起，对人及与其有关的事物有兴趣，特别是对人的精神世界的兴趣。关心"人"甚于关心其问题或事件。

2. 身心成熟。情绪稳定，较能保持心理的平衡，对事物有较客观、成熟的看法。

3. 具有自我觉察能力。能分辨自己的需求、感受、价值等，以有别于来访者，并较能协助他人发展其自我觉知的能力。

4. 弹性、真诚的态度。弹性指包容力，能以开放的态度去接纳来访者；真诚指真心关怀、诚意助人。

5. 敏锐的观察力。能洞察对方的言外之意，协助来访者。

6. 沟通能力。借由沟通表达对求助者的关怀、了解，包括倾听的能力和反应能力，给对方以反馈与参考。

7. 丰富的知识。包括专业知识和生活知识。[1]

五、个别辅导的要求[2]

1. 尊重。尊重意味着把来访者作为有思想感情、内心体验、生活追求和独特

---

[1] 刘宣文.心理咨询技术与应用[M].宁波：宁波出版社，2006：005—006.有删改。
[2] 本部分参考资料：中国就业培训技术指导中心，中国心理卫生协会.国家职业资格培训教程·心理咨询师（三级）[M].北京：民族出版社，2012.

性与自主性的活生生的人去对待。应当体现为对求助者现状、价值观、人格和权益的接纳、关注和爱护。

2. 热情。热情指在辅导过程中，辅导教师助人愿望的真诚流露。只有尊重，显得有点客气，甚至公事公办；只有热情，显得过于友好，让人不知所措。热情与尊重相结合，才能情理交融,感人至深。

具体表现有：来访者初次来访时适当询问，表达关切；注意倾听来访者的叙述；辅导时耐心、认真，不厌其烦；辅导结束时，使来访者感受到温暖。

3. 真诚。真诚是指在辅导过程中，辅导教师以"真正的我"出现，没有防御式伪装，不把自己藏在专业角色后面，不戴假面具，不是在扮演角色或例行公事，而是表里一致、真实可信地置身于与来访者的关系之中。

4. 共情。共情又称同感、同理心等，是指一种体验他人的精神世界犹如自己的精神世界一样的能力。辅导教师要能设身处地地理解来访者，从而更准确地把握材料，同时让来访者感到自己被理解、悦纳，促进来访者的自我表达、自我探索，从而达到更多的自我了解，促进辅导双方更深入的交流。

5. 积极关注。积极关注是对来访者的言语和行为的积极面予以关注，从而使来访者拥有正向价值观。积极关注涉及一种信念，即来访者是可以改变的；积极关注不仅有助于建立辅导关系，促进沟通，而且本身就具有辅导效果。

六、个别辅导的步骤

个别辅导可以分为两大阶段六个步骤。

（一）第一阶段 —— 评估问题

评估问题对于个别辅导是非常关键的阶段。评估问题包括收集和加工信息的各种程序，而信息则是从整个辅导过程中不断产生出来的。评估的目的包括：获得相关信息，提供干预依据；鉴别与问题相关联的控制及影响因素；确定当事人对辅导的预期；确定基础数据与信息。

评估问题阶段具体分为三个步骤：

1. 确定对象的问题与症状。解决问题的第一步就是发现问题，看看学生的问题是属于学习困难、品行问题、情绪问题，还是人际适应不良问题等。

2. 收集资料。要详尽地了解个别辅导对象，需要了解个人的历史资料、现状资料与背景资料，以便对当事人有比较全面、深入的了解。

3. 评估分析。通过对需要个别辅导的学生的具体问题和有关个人资料的分析和综合，判断其心理或行为问题的特征、性质和原因。准确、科学的评估是有效干预的前提。

（二）第二阶段——进行干预

干预阶段具体也分为三个步骤：

1. 制订干预方案。干预方案包括干预目标和干预措施。干预目标要注意适切性、针对性和可操作性。干预措施要具体，并且要与当事人或其家长共同商议，形成"契约"。因为在干预过程中，当事人和他们的家长都是可以调动的辅导资源。

2. 实施干预。实施干预的过程中需要运用多种干预技术。一般来说，学校个别辅导主要可以应用人本主义的"当事人中心"疗法、行为干预法、认知干预法等。近年来，沙盘治疗、游戏治疗、绘画治疗和心理情景剧等表达性治疗技术也在中小学心理辅导中得以运用。这些干预技术都需要经过一定的专业培训才能掌握。

3. 效果评估和后续辅导。干预过程往往会几经反复，对于这一点，干预人员要有足够的思想准备。因此，要及时对干预效果进行评估，以便反馈调整，使干预更有针对性。[1]

七、个别辅导的常用技术

学校的个别辅导技术主要来源于心理咨询与治疗。心理咨询与治疗流派林立，这里介绍三种学校个别辅导比较常用和适用的技术：认知行为干预技术、焦点解决短期咨询技术和意义治疗技术。

---

[1] 吴增强. 学校心理辅导实用规划[M]. 北京：中国轻工业出版社，2012：81—82. 有删改。

(一)认知行为干预技术

认知行为干预是一组干预方法的总称,强调认知活动在心理或行为问题发生中的重要作用,在治疗过程中既采用各种认知干预技术,又采用行为干预技术。

1. 认知干预技术

认知疗法中比较有代表性的是贝克在研究抑郁症治疗的基础上发展起来的认知疗法、埃利斯的理性情绪疗法、伯恩的相互作用分析和梅钦鲍姆的认知行为矫正。

这里主要介绍埃利斯的理性情绪疗法和贝克的认知疗法。

（1）埃利斯的理性情绪疗法

适应证：认知偏差、焦虑抑郁、行为不良等问题。

埃利斯认为引起人们情绪困扰的不是外界发生的事件,而是人们对事件的态度、看法、评价等认知内容,因此要改变情绪困扰不是致力于改变外界事件,而是应该去改变认知,通过改变认知,进而改变情绪。

理性情绪疗法的核心是"ABC 理论"：

A——诱发事件（activating events）；

B——信念（beliefs），即个体对事件的看法、解释及评价；

C——事件后个体的情绪反应和行为结果（consequences）。

具体操作程序如下。

①诊断阶段。辅导教师根据 ABC 理论对求助者的问题进行初步分析和诊断,找出 A、B、C 之间的关系。

②领悟阶段。使求助者认识到是信念引起了情绪反应和行为结果,而不是诱发事件本身；心理问题是由自己的认知评价引发的,求助者应对自己的情绪行为反应负责；只有改变不合理的信念才能减轻或消除求助者目前存在的各种症状。

③修通阶段。运用多种技术,使求助者修正或放弃原有的非理性信念,代之以合理信念,使症状得以减轻或消除。

具体的技术有以下几种。

与不合理信念辩论技术："你的想法来自事实、推断还是假设？有什么证据证明你的想法是真实的？""那件事情真的那么可怕吗？你真的不能忍受吗？"

合理情绪想象技术：引导求助者要看"硬币的两面"，即辩证地看待问题。基本句式为"虽然很不高兴……但我仍然……""即使我表现不好……但我还不至于……"。

家庭作业：要求求助者记下以后一段时间所遇到的事件、想法、感觉，记录情绪强度，并进行理性陈述。

④再教育阶段。巩固前几个阶段治疗所取得的效果。帮助求助者进一步摆脱原有的不合理信念及思维方式，使新观念得以强化；使求助者在辅导结束后仍能应付生活中遇到的问题，更好地适应现实生活。

（2）贝克的认知疗法

适应证：抑郁症、认知偏差、情绪障碍等。

贝克的认知疗法是以"认知是决定我们如何感受与如何表现的主因"这个假定为基础的。认知疗法包括所有以矫正错误观念与错误自我暗示为媒介来减轻心理压力的治疗法。改变那些导致功能失调的情绪与行为之最直接方法，就是改变不正确且功能不当的思想。[1]

不同的心理障碍中存在的共同的认知歪曲有以下几种。

①两极化思维。非此即彼，"要么成功，要么失败"。

②主观推断。经常在证据不足的情况下做出结论，比如无端猜测和消极预期，导致事实真相的蒙蔽与歪曲。

③选择性概括。提取一个事实或者观念，以支持自己的抑郁和消极结论。比如遇到一次挫折，之前的成就感全部消失，满眼都是失败。

④灾难化。把一个事实过分夸大，直至变得不可承受。比如弄脏了一件衣服，就觉得大祸临头，整夜失眠。

---

[1] 刘宣文. 心理咨询技术与应用 [M]. 宁波：宁波出版社，2006：225.

⑤以偏概全。将个别的、偶然的消极事件认定为普遍的规律。比如一次考试不理想，就断定自己学习能力不行，成绩好不了了。

⑥人格化歪曲。把某些和个体无关的、自己无法控制的事件看作具有普遍决定意义的事件。比如"我一晒被子，天就下雨"。

这些认知歪曲会引起心理压力，使求助者产生焦虑、抑郁和其他障碍。认知疗法就是要找出歪曲认知中的不合理之处，帮助求助者了解自己的错误所在，改变自己的认知。

认知疗法中改变认知的基本技术又被称为"认知重构术"。有些技术注重质疑和消除自动思维，有些技术注重质疑和消除不恰当的假设及消极的认知图式。这里列举几种帮助求助者改变消极思维模式的技术。

①澄清。求助者的思维图式不同，对特定词语意义的理解也会不同。辅导教师对求助者所使用的词语的特殊意义的理解，是沟通当事人思维过程的重要环节。比如求助者认为自己是一个"多余的人"，那么，什么是"多余"？有什么具体表现或事例？

②质疑。有时求助者会用极端的语言描述自己的状态，比如"全班同学都比我聪明"。对类似"全部""从来""总是"等绝对化的词语进行质疑，可以帮助求助者走向正常思维。

③归因。不合理的归因是导致人产生抑郁、过度焦虑等心理问题的重要原因。通过归因训练，可以帮助求助者重新认识事情发生的原因，重新合理分配自己应承担的责任。

2. 行为干预技术[1]

行为干预技术主要有系统脱敏、强化、模仿学习、自我管理技术等。

（1）系统脱敏

系统脱敏法可用于治疗求助者对特定事件、人、物体或泛化对象的恐惧和焦虑。基本方法是让求助者用放松取代焦虑。

---

[1] 本部分参考资料：吴增强. 学校心理辅导实用规划[M]. 北京：中国轻工业出版社，2012.

第一步，帮助求助者掌握放松技巧。主要通过调整姿势、呼吸、意念而达到自然的放松状态。放松可以对抗焦虑。

第二步，把引起焦虑的情境划分成不同等级。一般是让求助者给每个事件指定一个焦虑分数，最小焦虑是0，最大焦虑是100。这样就构成了一个焦虑等级表：0代表完全放松，100代表高度焦虑。各等级之间级差要均匀，循序渐进。尤其要注意的是，每一级刺激因素引起的焦虑，应小到能被全身松弛所拮抗的程度。

第三步，系统脱敏。求助者基本掌握放松技巧后，就可以开始脱敏训练。让求助者想象引起焦虑的情境，同时做放松练习。按照设计的焦虑等级表，由小到大，逐级脱敏。

（2）强化

强化是行为矫正的基本技术，包括正强化、负强化、惩罚等。

正强化：通过奖励强化该行为，从而增加该行为产生和出现的频率。正强化物包括物质强化，比如当事人喜欢的食物、玩具或生活、学习用品等；符号强化，比如分数、奖章、称号等；社会强化，比如微笑、拥抱、表扬、鼓励以及当事人喜欢的活动（看电影、去公园、上网）等。

负强化：将令人厌恶、痛苦的刺激从当事人身上撤去，以增进其积极行为，克服消极行为。包括撤去处分、减少家庭作业等。

惩罚：将令人厌恶、痛苦的刺激施加于当事人，以减少其不适应行为。如学生有欺负别人的行为，受到老师的批评或者学校的处分等惩罚后，该生的攻击行为就可能减少。

强化技术具体可分为四步来操作：确立目标行为、建立行为基准线（行为评价的基础指标）、实施强化干预、效果评估与反馈。

（3）模仿学习

也称示范技术，常用于儿童的行为训练。主要原理来自社会学习理论：利用人类通过观察学习获得新的行为反应的倾向，向具有不良行为的人呈现某种行为榜样，纠正其不良行为，并建立适应性行为的治疗方法。

（4）自我管理技术

又称自我控制技术，指当事人自己用行为治疗技术矫正自己的行为。与心理辅导者负责实施的行为矫正不同，自我管理技术认为强化可以通过自我产生，不一定都是外部强化。自我管理技术有三个过程：一是系统性自我监测训练，集中注意对积极事件准确监测，作为对抗不良情绪的手段；二是自我评估训练，即对当事人信念的有效性或真实性进行检验或自我评估；三是自我强化，即对适应性情绪、行为进行自我鼓励、自我奖酬。

（二）焦点解决短期咨询技术[1]

1. 基本理念与假设

焦点解决短期治疗（SFBT）是在后现代建构主义思潮下萌芽发展，以来访者为主体，帮助其发掘优势资源力量以建构解决之道的心理干预模式。它不聚焦于问题原因及历史的探讨，而是以正向、赋能、短期为取向，强调发展性、复原力和去病理化，认为来访者是自身问题解决的专家，咨询在于拓宽其问题解决的视角，挖掘其内在成长力量，从而去创造想要的未来。

它的理念假设为：

（1）以例外建构解决之道。凡事有例外，有例外就能解决问题，这是SFBT的核心要素。因此，识别正确的行为比探究错误更重要，辅导教师应探讨问题没有发生、较少发生和问题没有变得更糟糕的例外情境，肯定来访者的勇气和应对能力，引发其自我决定，并聚焦力量与资源，与来访者共创行动方案，建构起来访者胜任的、有用的解决之道。

（2）赞美是创造改变的动能。SFBT认为改变永远在发生。看见来访者的正向力量、成功经验和可能性，运用充分的、合乎目标导向的赞美及"你是怎么做到的"来赞美来访者，与来访者建立信任关系，解除来访者"我是失败者"的挫败感和无力感，引发来访者积极改变。赞美是SFBT的基调与持续行为。

---

[1] 本部分参考资料：许维素．建构解决之道：焦点解决短期治疗[M]．宁波：宁波出版社，2013．

（3）来访者是解决自己问题的专家。每个人都有想要的未来，会为自己的目标努力。引导来访者看到简单容易的小改变及其价值，主动促进小改变的扩大与持续，直到生活出现滚雪球式的大改变，这一过程会增强来访者的自尊和自我效能感，生成新的解决困难、与困难共处及自我照顾的系统，成为自我赋能的过程。

实践证明，SFBT可用于解决学生厌学、学习困难、亲子或师生关系紧张、情绪低落和有攻击性、网瘾等成长性问题。

2. 基本环节

SFBT的过程一般分为三个阶段：初始阶段探讨个人与其困境互动的主观诠释，发展和形成良好目标；中间阶段在于描绘注入希望感的愿景，以例外为根基，发展多元的解决策略，实现知觉的扩大与转化；结束阶段致力于具体可行的小目标的确认与建构，重视咨询后行动的推进与维持。以下是主要环节。

（1）描述问题。用一个简短的对来访者人、事、物的询问和"希望我如何帮忙"来开场，营造轻松、正向运作的氛围；在倾听来访者描述问题时，不拘泥于探究问题原因及其严重程度，而是询问来访者对问题的知觉，问题对其造成的影响，自己曾经尝试的方法以及最想处理、最重要的问题等，引导对话朝着解决导向前进。

（2）建构良好的目标。以"如果问题解决了，你的生活会有什么不同"等奇迹问句，引发来访者改变的动力，澄清愿景的细节，将对话从对问题的描述与抱怨转向与辅导教师共同建构具体明确可行的、人际情境互动的、个人能力所及的和可以立即开始行动的良好目标。

（3）探讨例外。询问来访者"什么时候问题没有发生，情形没有那么严重""你是怎么做的""你对改变的信心有几分""如何做到这几分""你想提高到几分""你需要哪些努力"等问题，积极寻找和探讨来访者生活中的小小成功经验、各种资源与优势力量，用赞美肯定其例外，开发更多的可能性，逐步建构解决之道。

（4）正向反馈。咨询进行了四十分钟后，辅导教师可利用十分钟休息时间，以良好的目标和例外信息为基础,梳理过程,让反馈更聚焦且有方向性。辅导教师可以赞美或肯定来访者在会谈中展示的有利于目标达成的优势力量,布置家庭作业或任务,建议来访者结束后积极尝试与行动,如坚持多做些例外,或朝着目标前进一小步,做出改变等。这些活动旨在巩固治疗效果,增强来访者改变的信心,以鼓励其持续的改变和行为。

(5)后续咨询。以"什么地方变得好些了呢"来评估咨询进展,探讨和确认来访者与目标轨道一致的行动的维持、稳定和扩大的情况,以及再往前走一小步的方向、目标与步骤。辅导教师应强化例外与改变的发生,增强来访者对进步的珍惜与信心。若没有进展,除接纳与正常化,辅导教师可以和来访者共同思考情形何以没有变得更糟,重新检视目标,更好地把握例外方法。

3. 主要技术

(1)正常化。将来访者谈论的问题困境及其反应(尤其是情绪反应)与症状视为多数人会遇见的困境,是常态性、暂时性的,是可以改变的;以"当然""像大多数""是典型的""难怪"和"曾经""目前""尚未""似乎""看起来"等词,让来访者感受到自己不是孤单的、特异的,以新的参照架构或正向的方式思考问题,去病理化,将困境视为生命中的挑战。正常化在使用时要避免边缘化和平凡化。

(2)咨询前改变询问。寻求改变和成长是人性使然。辅导教师可以询问来访者"从问题出现到现在,你为解决问题做过些什么""哪些尝试比较有用",重点询问问题如何发生,来访者做了什么不一样的,效果如何,是否有所帮助等,从而传递"改变已经发生"的信息,启发来访者思考自然状态下的有效办法,感觉到自己还行,营造出解决导向的氛围。

(3)预设性询问。以终为始,通过引导性言语,直接开始讨论咨询的目的,引导来访者一直朝着积极、正向的方向思考。常用在咨询开始阶段和谈话进入困境时,如询问"面对困境,你想我可以帮你什么""你今天来想要改变的是什么""你来这里的目的"等问题,增强来访者的力量感及自主性。

(4)刻度化询问。刻度化询问是利用数值(如1—10)来协助来访者将抽象的概念以比较具体的方式进行描述的询问方式，可以用来衡量来访者各种感知的程度，如治疗前改变、自信、改变的可能性、愿意为改变投入的努力、问题解决的优先级、进展的评量等，也可以用来激发信心、挖掘资源、表达尊重。基本的句型有"用10分代表你对准备做的事情很有信心，现在你会给自己评几分？""为何是这个分数，而不是更低的分数？""如果加1分，会跟现在有什么不同？""你觉得怎样才能加1分？"

（5）振奋性鼓舞和赞许。振奋性鼓舞和赞许是指对来访者在咨询过程中所表现出来的正向的内容，尤其是找到例外或解决方法时，予以口头或行为上的正向强化，表达支持，激发其信心的咨询方法。振奋性鼓舞常用在来访者创造性地提出解决问题的方法时、不服输愿意再次努力时、谈到自己以前的成功时；赞许常用在结束前的反馈阶段，赞美来访者的积极行为和品质，为布置家庭作业做铺垫。常用"太了不起了""你做得很不错""你能有这样的想法，真是太好了"之类的语句鼓励来访者。

（6）改变最初出现的迹象。做出改变是需要努力的。引导来访者从描绘最初出现的改变迹象开始，展开解决问题的步骤。小而明确的行为表现，尤其是曾经发生过的例外，可以激发来访者的信心与动机，以小改变带动大改变。小改变也是来访者的家庭作业。

（7）奇迹询问。跳出问题看未来。邀请来访者去憧憬和建构一个与其关系密切的、高度匹配现实情境的未来景象，思考改变的目标和问题解决的可能性。强调"奇迹就是如果问题都解决了，将会和现在不一样"。朝着未来的方向持续提出一系列相关细节的询问，帮助来访者从原有的问题中跳出来，想象他们所期待的更美好、更满意，符合目标特征的未来。奇迹询问可以运用不同的方式，比如水晶球询问、魔法棒询问、拟人化询问等。如"现在假设你眼前放着一个水晶球，它能显现你的未来。假如你的困扰全都解决了，你希望透过这个水晶球，看到怎么样的生活？""假如我有一支魔法棒，在你的头上晃一下，那个导致你来这里的问题一下子就解决了，那么你认为自己会有怎么样的不同或改变？""如果我是你书桌上的一盏台灯，我会看到你学习的样子。当我注意到你的学习怎么样时，就知道你的问题解决了？"

（8）关系询问。关系询问指询问来访者关于重要关系他人对他、对事件或对于改变的可能看法，协助来访者站在与他关系密切者的角度来看待渴望出现的结果变化。以互动的关系形态描述他期待的改变，如"当你的心情好一点的时候，别人会注意到你有什么不一样的地方？别人会看到你在做什么？""当你的学习态度比较积极的时候，你觉得你的老师会看到你与平常有什么不同？你的父母呢？"

（9）例外询问。例外是指那些问题不存在、没那么严重或目标曾发生的时刻。开放式询问来访者"最近这段时间，你印象中觉得好的时候或者问题不严重的时候是怎么样的"，并追问细节，找出问题发生与未发生之间的差异，如谁、什么、何时、在哪里发生等，协助来访者找出例外，澄清他的资源和优势，赋能自我。常用的提问有"在怎么样的情况下你没有遇到过这个问题？""什么时候问题会显得没有那么糟？这时候有哪些不同？"

（10）应对询问。主要询问来访者对问题情境的自发应对与处理，确认其持续承受或对抗困境的种种优势，同理来访者感受，使其看到自身的力量与小成就，讨论来访者隐含的自发力量，减少其被困境打击的挫败感。常用句式有"在最近心情不好的情况下，你是怎么样让自己与同学友好相处的？你是靠什么力量支撑着自己的？""你采取了哪些方法让事情没有变得更糟？你是如何做到不放弃的？"

（11）家庭作业。也称任务，是咨询谈话的总结，是实用主义导向的行为改变。家庭作业的核心在于帮助来访者实施行动方案。家庭作业是具体的、情境化的、可操作的。坚持有用的，停止无效的，多点不一样的尝试，学会观察变化与反省等。常用的家庭作业有"多做一些"的行动任务和"观察想要持续的行为表现"的观察任务，让来访者朝着解决方案前进。

（12）EARS询问。EARS询问是第二次咨询及后续谈话的基本框架。通常用"上次谈话到现在，发生了哪些好的改变"来引导来访者进入持续改进阶段。具体环节分别为：

① E（Eliciting），引出已有的改变——引导来访者回顾发生了什么好的改变；

② A（Amplifying），扩大——详述具体改变，探讨改变是如何发生的，改变发生与问题发生二者有何不同，来访者的角色是怎样发生改变的；

③ R（Reinforcing），增强——赞许来访者为改变所付出的努力与取得的成功；

④ S（Start again），再次询问——还有哪些地方是做得比较好的。

（三）意义治疗技术[1]

奥地利著名的神经病学家和精神病学家弗兰克尔提出的意义疗法是一种针对人们生命的无意义感和心灵空虚的治疗方法，它肯定了生命的意义与价值，引导来访者寻找和发现生命的意义，对现代人的生活有着十分重要的影响。

意义治疗的核心就是要帮助来访者寻找和发现失落的生命的意义，建立明确的生活目标和人生价值观，以坚定、乐观、积极向上的人生态度面对现实生活。这与学校教育的旨趣高度契合。将弗兰克尔的意义治疗理论和技术方法按照中小学心理辅导的特点和要求转化为"意义辅导"，是一种有益的探索。

1. 理论假设

弗兰克尔十分强调精神的作用，他认为完整的人包括生理、心理和精神三个部分，其中精神层面是人类存在的最高层面。他的意义治疗学超越了以往个体心理学的局限，将人生信念、意义与价值引入了心理治疗，把人看作是追寻意义并为其实现负责的存在，主张心理治疗的首要任务就是使患者具有发现意义的能力。

意义疗法包括三种相互联系的基本假设：意志自由、意义意志以及生命意义。

（1）意志自由。弗兰克尔认为人类具有精神上的自由和态度上的自由，人虽然不能改变环境条件，但可以选择自己对待自身和外部世界的态度和行为方式。他认为自由与责任是紧密相连的，人有选择的自由，但需要承担选择的后果。人有责任实现自己生命的独特意义，因此从终极意义上讲，要成为什么样的人是由自己来决定的。

---

[1] 本部分参考资料：[奥]维克多·弗兰克尔.追求意义的意志[M].司群英,郭本禹,译.北京：中国人民大学出版社,2015.

（2）意义意志。弗兰克尔认为对生命意义的探索和追求是人类的基本精神需要。"人为意义而生"，如果人的生活意义受阻或失落，缺乏生活的目的和方向，就会出现生存挫折。生存挫折常常表现为一种生活的无聊与空虚，严重者会出现厌世倾向。

（3）生命意义。在弗兰克尔看来，任何一种生活都是有意义的，每个人都有其无法替代的特定的人生使命和具体任务。生命意义，对人而言既是客观的，也是主观的：一方面意义本身具有现实性，是客观存在的，必须是被发现而不能被赋予的；另一方面，每个人的生命意义都具有独特性，就是同一个人在不同的条件下，其生命意义也不同，因此意义是高度个性化的。

概括地说，弗兰克尔的论点是：生命意义是人之为人的一种本质性存在 — 人一直都在寻求生命意义 — 人具有选择并实现意义的自由与责任 — 人在追寻、获得意义的过程中，生命的意义也就得到了体现和充实。

2. 生命意义获得的途径

弗兰克尔认为获得生命的意义有三种途径。

（1）创造（工作）。人在创造中获得生命的意义。生活中的创造往往在具体工作中发生，工作是发现生命意义的一个重要的途径，工作使人的特殊性在对社会的贡献中体现出来，从而使人的创造性价值得以实现；反之，无所事事的人生则是空虚的人生。但简单的机械工作是不够的，人必须把握工作背后的意义和动机，才能在对工作的价值和意义的感悟中实现生命的意义，用积极的、创造性的、有责任感的态度赋予工作以意义。

（2）体验（爱）。如果说创造和工作是在对生活世界的给予中获得人生的意义和价值，那么体验就是在参与和享受中从生活世界里接受、获取意义和价值。弗兰克尔主张"爱"是具有最高价值的人类体验，可以让人体会到强烈的责任感，实现人的潜能，使他们理解自己能够成为什么，应该成为什么。意义治疗引导人们学会并乐于接受爱以及随之而来的责任。

（3）态度（苦难）。弗兰克尔认为人对命运的选择完全取决于人的精神态度。

即使面对无法抗拒的命运的力量,人仍然可以选择自己的态度和立场,从而改变自己看待事物的视角,了解对自己而言什么才是最重要的,从中获得新的意义的重生。弗兰克尔认为"苦难"对人而言具有特殊价值:当人们面对苦难时,重要的是人们对苦难采取什么样的态度,用什么样的态度来承担苦难。经历苦难的挑战可以升华生命的意义。

3. 主要技术

意义疗法的特点是:较少回顾与较少内省,将着眼点放在将来。在倾听和同感的基础上尽可能让来访者认识到当下存在状态的意义,或将他们引入对未来生活意义的追寻。

弗兰克尔在他的意义治疗实践中,运用了一些独到的技术和方法,主要有矛盾意向法、去反思法和态度改变法。

(1)矛盾意向法

矛盾意向法主要用于治疗强迫症和恐惧症。这种方法可以控制焦虑,让人松弛下来,从容地应对环境。当来访者出现某种心理症状时,辅导教师应劝解来访者不要与症状斗争,转而对情境采取一种幽默、嘲讽的态度,让症状继续下去,用一种相矛盾的愿望取代恐惧和焦虑,以此来解脱症状。例如,一个到公共场合就大汗淋漓的人,会极力避免去公共场所。而矛盾意向法则会鼓励这个人不仅不用担心流汗,而且要下定决心向大家证明自己就是一个"出汗大王",当他这样想的时候,症状反而大大减轻了。

矛盾意向法看似与行为干预技术中的脱敏疗法相类似,但它的背后包含着一种人生态度,让人从更高的位置,以一定的距离来审视自己的症状。

矛盾意向法表明人不但具有超越自我的能力,而且具有改变自身不良状况的能力。

(2)去反思法

去反思法主要用于治疗病理性的过度反思行为。在此类病症中,来访者通常过于担心行为表现不尽如人意,由此导致扭曲的过度意向和过度反思,并将注意力集中于自我,从而阻碍了正常行为的发生。为了寻求正常的表现或快感,来访者会将此视为目的本身,进一步强化过度意向和过度反思。于是,来访者便被某种恶性循环包围了。

去反思法致力于系统地改变来访者的注意焦点,鼓励他去想或做问题以外的事情。例如,一个失眠症患者,当他并不费尽心力去争取睡眠时,睡意反而会出现。去反思法动员了人的自我超越能力,自我超越意味着人除了朝向自身,还可以朝向自身以外的东西。改变注意的焦点是生活核心意义变化的关键,来访者会发现新的生活意义,从而将预期性焦虑和注意力从行为本身或自我转移到积极的方面,转移到外部事物,转移到更有意义的事情上,于是便不再被焦虑所困扰。

(3) 态度改变法

态度改变法也被称为意义分析法。当来访者对自己和生活抱有消极悲观的态度,对生活异常失望时,或因屡次受挫而丧失自信,产生"破罐子破摔"心态、生活空虚、无聊等心理困惑和问题时——这些问题可能是由价值和意识冲突以及生命意义的挫折所造成的——意义治疗的任务就是借助态度改变技术修正来访者的思考方式,帮助他们改变自我认知,发现并体验生活的意义,以积极乐观的生活态度代替消极悲观的生活态度,使他们重新认识生命的意义,确立新的生活目标,从而实现自我突破。

例如,弗兰克尔曾描述过一则案例:面对一位因妻子去世而抑郁的医生,弗兰克尔让他设想,如果是医生自己先于妻子去世,会发生什么事。这个问题使得这位医生以新的视角看待目前的处境,第一次发现了痛苦的意义——为他的妻子做出牺牲的意义(为他的妻子承担失去爱人的孤老凄苦),他也因责任的承担和意义的重生而不再深陷痛苦。这个案例也印证了弗兰克尔的假设:虽然命运是不可改变的,但面对命运的态度是可以改变的。

4. 注意事项

(1) 弗兰克尔的心理治疗观是包容性的,它对其他心理治疗技术与方法并不排斥,而是持兼收并蓄的态度。

(2)辅导教师的作用并不是直接告诉来访者他们生活中的特殊意义应当是什么,而是鼓励来访者自己发现意义。

(3)当一些来访者放弃了原来的价值观,但并不寻找新的、更适应的价值观来替代时,辅导教师应该鼓励来访者尝试用新的价值观来重新体验生活。

(4)因为抱负和承诺有助于来访者改变原来的生活模式,因此在治疗过程中,辅导教师要为不断追求意义和有承诺行为的来访者提供充分的支持。

第四节 校园心理剧[1]

一、校园心理剧的含义

校园心理剧是在心理剧的基本理论、技术的基础上,在老师的指导下,把学生中出现的心理问题搬上校园舞台,让学生自己表演,自己观看,自己体悟,从而使表演者和观看者都得到启发的一种团体心理辅导方法。

校园心理剧有两个特点。

第一,内容是学生发展中的问题,是学生身边的事情,能够打动学生的心灵,使学生产生心理共鸣。

第二,形式以学生的角色扮演为主,需要学生发挥自主性和创造性。

---

[1] 本节参考资料:黄辛隐,戴克明,陶新华.校园心理剧研究[M].苏州:苏州大学出版社,2003.

二、校园心理剧的创作

(一)确定主题

校园心理剧的主题和内容选自学生在生活、学习、人际交往和自我发展过程中真实经历的心理冲突、困惑和应对。一般可以从以下几个方面思考。

1. 适应不良的问题。如环境不适应、生活自理能力差、自我知识失调等。常见于新生入学和平时转学的过程中,尤其以小学一年级入学、初一入学、高一入学时最为普遍和突出。

2. 学习类的问题。如考试焦虑、压力过大、学习习惯差、成绩波动大、缺乏学习动力、厌学等。

3. 人际交往方面的问题。如同学关系紧张、寝室同学关系失衡、师生关系不和、异性关系不良、与家人沟通困难、缺乏交往技能、难以接纳他人等。

4. 情绪性格问题。如情绪不稳定、消极情绪体验过多、过于内向封闭或易冲动、性格缺陷等。

5. 自我意识问题。如强烈的自尊与自卑问题、盲目自信和自我膨胀、独立和依赖心理、自我价值观的教育问题、自我实现等。

6. 其他心理问题。如网络游戏成瘾、轻视生命、盲目追星、校园暴力、生活中一些高消费现象等。

(二)素材来源

1. 从学校心理辅导室的心理辅导记录和学生的来访信件中筛选。编写校园心理剧前整理心理辅导记录及信件,将有普遍意义的问题筛选出来,可能会成为编写剧本的理想素材。但一定要注意个案资料的保密性,要对素材进行必要的加工和改编。

2. 通过问卷等形式了解学生的各种心理烦恼和困惑,从中选出有代表性的问题作为校园心理剧的主题。但要注意避免剧情过于拘泥还原生活,甚至出现"对号入座"的问题。

3. 留心观察,走到学生中去发现。平时多与学生交谈、接触,会听到和发现很多在心理辅导室里听不到的声音和发现不了的事情，真实反映出学生当中存在的一些问题。

4.向班主任了解。班主任每天都与学生密切接触，总能在第一时间洞悉学生的思想和行为变化，加之还比较了解学生的家庭状况，因而往往能提供有创作价值的典型事件。

(三)剧本创作编写

1.剧本构成要素

剧本主要由剧中人物对话、独白、旁白和舞台提示构成，其中最主要的是人物对话和舞台提示。

舞台提示一般指出人物说话的语气，说话时的动作，人物上下场以及场景、道具或其他舞台效果变换等。

2.确定编剧

可以由学生或者教师担任，也可以由学生与教师共同编剧。

有一定文学创作能力和一定心理学基础的人员担任编剧更加适宜。

3.剧本的组成部分

(1)题目(校园心理剧名称)。

(2)剧情概要。

(3)主要人物(姓名、性别、年龄、职务、性格特点等)。

(4)校园心理剧技术。

(5)具体情节。

具体情节包括以下四个方面。

开端：发现问题。交代故事发生的时间、地点、背景、时代特点等。交代人物之间的关系。引出全剧的主要矛盾和问题。

发展：定义问题。明确辅导主题。

高潮：解决问题。通过舞台冲突表现人物内心的转变。

升华：结局点题。进一步明确辅导主题，并留下思索的空间。

三、校园心理剧的常用技术

（一）角色互换

指舞台上不同人物之间的角色互换。可以作为角色之间换位思考的一种表现方式。

（二）独白

指主角直接面对观众说话，表达一些观众不能觉察的感受和思想，凸显主角内心的想法和挣扎，从而让观众分享角色的内心世界。

（三）替身

一个配角站在主角的身后与主角同台表演，或替主角说话，这个配角即主角的替身。替身可以模仿主角的内心思想和感受，并时常表达潜意识内容。

心理剧中常用白衣天使和黑衣女巫代表主角心理斗争的两个替身。

（四）镜像技术

指主角看别人演自己。代替主角的演员，尽可能通过模仿主角的一切，重复他的动作，模仿主角的手势、姿态、语言，来反映主角，让主角如同照镜子一样，看到自己的行为举止和心态。通过旁观，主角能够看到自己的行动、应对，演绎对生活境况的处理。

（五）空椅子技术

利用一张空椅子，将其放在舞台中间，让每位成员都将空椅子想象为一位他想倾诉的对象，从而展开对话，如此，空椅子即一个配角。

（六）留白（未完成）技术

在有些演出中，不一定所有的情节都由台上的同学来表演，在条件许可的情况下，可以在关键的地方停止表演，由观众继续，对观众来说，这也是一种角色扮演。

四、校园心理剧使用的注意事项

（一）明确心理问题指向

学生的心理问题主要分为两类：一类是障碍性问题，即心理疾病，如焦虑症、恐惧症、抑郁症等，需要到专门的医疗机构进行心理治疗；另一类是发展性问题，主要是围绕着学业成就、人际交往和自我发展等方面产生的各种心理挫折和不适应。

校园心理剧要呈现的心理问题应是各个年龄阶段学生在成长中遇到的发展性问题，避免选择需要专门矫治的障碍性问题。

（二）解决心理问题

校园心理剧须通过展现人物内心的冲突和转变过程来体现辅导功能，剧中的矛盾冲突要符合学生心理发展规律，表现学生自己的应对方式，让学生自己解决问题。

（三）分享讨论

在表演结束后，辅导教师需要把大家组织起来，相互交流角色扮演以及观剧的感受和领悟。这是校园心理剧发挥作用的关键。发表感受也可用书面形式进行。

（四）要注重舞台效果，但更要关注心理辅导作用

校园心理剧不同于一般的戏剧表演，必须要达到两方面的效果：一是参与排演者内心的感悟和体验，二是观众的感悟和体验，特别是让他们在看到问题的同时，更要看到如何面对和解决问题。

（五）问题应对与积极引导相结合

校园心理剧必须是基于学生寻求自我完善、追求自我提升、塑造健全人格的发展性需要。从这个角度讲，校园心理剧不应过于倾向对问题的被动应对，还应该多考虑发展性的引导。

第五节 其他教育形式

学校心理健康教育是学校的整体性工作，需要部门协同、全员参与，除了由学校心理健康教育专（兼）职教师直接组织开展的专门教育活动，还应在学校管理、校园文化、学科教学、集体活动、家庭教育等方面体现心理健康教育的理念和内容。

一、学校管理中的心理健康教育

制度安排会对人们的心理产生深远的影响。因此，学校在师生管理、教学管理、生活管理等各项制度建设中，都应考虑对师生心理有积极影响的因素，应形成安全、稳定、和谐、幸福的心理环境，增强教师、学生对学校的归属感和幸福感。

二、校园文化中的心理健康教育

一是通过"美丽校园"建设，创设优美、洁净、舒适的校园自然环境，让师生在创造美、享受美的过程中体验生活的美好，形成积极乐观的生活态度；二是通过学校愿景、校园精神、校园故事、教风学风、传统活动等非物化形态环境，构建人文教育氛围，对师生的学习、生活、交往、成长产生积极的心理和行为影响。

三、学科教学中的心理健康教育

学生在学校的大部分时间都在学科教学中度过，学生的许多心理困惑或问题也是由学科学习引发的，因此要十分重视学科教学中的心理健康教育。这就要求各学科任课教师在教学过程中自觉运用心理学原理和方法，建立良好的师生、生生互动关系，激发学生学习动机，传授学习策略，科学实施奖惩，在传授学生学科知识和技能、发展学生智力和创造力的同时，维护学生的心理健康，提高学生的心理素质，以形成学生健全的人格。

四、集体活动中的心理健康教育

集体活动是学生体验社会生活、充实内心世界、培育集体主义精神的重要途径，对学生学会调整认知、调控情绪、协调人际、锻炼意志、适应社会等，都有较好的效果。

学校应开展丰富多彩的集体活动，如运动会、文化节、心理健康教育活动周、社会实践、班队活动等，同时发挥学生的个性特长，充分利用学校资源，组建各类学生社团，鼓励学生勇于表现自我、乐于奉献社会。

五、家庭教育中的心理健康教育

家庭是孩子的第一所学校，家长是孩子的终身教师。家庭生活方式以及家长的言行举止对孩子的心理成长有着至关重要的影响。

学校要将心理健康教育的内容纳入家长学校的课程体系，教育、引导家长不仅要关注孩子的学业成绩，更要关注孩子的身心健康，尤其要关心、呵护孩子的心灵世界。

第四章

中小学心理辅导室的建设要求

第一节　功能区设置

中小学心理辅导室一般由办公接待室、个别辅导室、小团体辅导室、心理专用教室、心理放松室等功能区组成。

表 4-1　中小学心理辅导室建设要求

功能区	面积（m²）	具体要求
办公接待室	10—15	包括办公设备、心理测评及档案管理系统（含各种心理量表，具有测评管理、群体分析、心理档案管理、心理预警等功能模块）等。
个别辅导室	10—15	包括沙发、茶几、沙盘、沙具及配套设备等。
小团体辅导室	15—20	包括坐垫（软的，可移动）、团体心理辅导箱（包含认识自我、学会学习、人际交往、情绪调适、升学择业以及生活和社会适应六大主题，每个主题不少于五个活动，配套团体活动方案、活动道具使用说明、示范教学录像光盘）等。
心理专用教室	≥40	包括可组合、可移动桌椅，多媒体设备，心理学挂图等。
心理放松室	10—15	包括涂鸦板、音乐放松椅、挂图等。

（资料来源：浙江省中小学心理健康教育指导中心办公室）

一、办公接待室

办公接待室主要是心理辅导教师的日常办公场地以及心理辅导前期阶段接待来访学生的场地。如果学校场地有限，也可兼具心理测量室的功能。

1. 温馨感。因为这里是来访学生进行心理辅导的第一站，要让来访学生感觉亲近、平等、自然，不要具有压迫感。建议以中性或暖色系为主色调，放置绿色植物，配置一个开放式的小书架，来访学生在等待时可以翻阅书籍，放松心情。

2. 专业氛围。学校心理辅导室是校内心理辅导的专业机构，要让来访学生第一时间获得专业性印象，产生专业信赖感。在墙上张贴心理辅导室工作制度、心理辅导守则、心理学挂图，并摆放有专业书籍、杂志的书柜等。

二、个别辅导室

个别辅导室承担一对一个别辅导的功能或者一对多师生、亲子辅导的功能。

1. 私密性。安静、隔音，符合个别辅导的保密原则。

2. 安全感。室内布置简明整洁，尽量减少硬线条和棱角，光线柔和，同时在来访学生的位置附近摆放可以直接抓抱的毛绒玩具或柔软的靠垫等。

3. 座位方式。心理辅导教师与来访学生的座位呈"L"形摆放，这样心理辅导教师和来访学生既能够互相捕捉到对方的目光，又不至于因为目光的直视导致来访学生的紧张感，来访学生能够在一种相对安全、舒适的环境下真实地表露自己。

4. 其他建议。备好纸巾，在需要时便于随手取用；在合适的地方摆放鲜花或盆花，以示生命力；放置无声计时器或者在墙面上挂无声时钟，这样比较有利于心理辅导教师掌握和调整辅导时间。

三、小团体辅导室

小团体辅导室主要是由受过培训的辅导教师与接受辅导的学生在尊重、真诚的环境下，通过设计以游戏为主的辅导活动，让参与者形成自尊、接纳、合群的心理素质，使其在学业、情感和行为上获得全面发展的一个场所。小团体辅导室的功能包含团体心理测量、团体心理活动辅导、团体沙盘、团体音乐放松、团体身心反馈训练等。

1. 活动空间。活动场所要保证足够的、灵活的活动空间，相对安全且安静，与其他教室有一定的距离。

2. 场地布置。场地布置的风格可以轻松活泼的基调为主,搭配心理学挂图或者其他装饰品,并且定期更换。墙壁、窗帘等可以使用偏明亮的暖色系,让室内环境温暖且生动。

3. 配置设备。配备团体心理辅导箱,包含根据不同年龄段学生的心理特点设计的团体活动方案,同时有配套的教案、书籍、指导光盘、多媒体心理资料等。

四、心理专用教室

心理专用教室在提高学校心理健康教育水平方面发挥着重要作用,它的设计要以学生为中心,以提高教学效果为目标。

1. 营造活动气氛。舒适的地板、温暖的色彩、松软的靠垫、活动的桌椅,都可以让学生产生轻松感和认同感,喜欢在这里参加活动,愿意在这里与同伴分享、讨论。

2. 方便活动实施。桌椅可以采用轻便的实木材质,在具体应用时可以围成一个圆形,方便小组讨论;也可以摆成半圆形,缺口朝向教师讲课方向,方便学生听课与讨论相间进行;或者根据需要摆成"一"字形。如果不需要桌子,可以直接撤掉,只留椅子,按需要摆设。

3. 提供活动道具。比如用于理解感恩的"互助之旅"活动需要眼罩,用于体验团队合作的接球游戏需要滑道和球,用于培养信任感的"勇闯电网"活动则需要带铃铛的绳网等。可以根据活动、游戏等需要购置户外团体心理拓展训练包等道具。

五、心理放松室

1. 配置设备。心理放松室通过心理放松设备等来进行心理疏导。如,音乐治疗是一种心理治疗方法,它主要应用音乐来治疗情绪或行为障碍,促进来访者积极人格的形成和发展。治疗师通过电脑给来访者提供音乐治疗方案,并给来访者反馈,全面有效地掌控来访者的治疗进程。心理放松室应配备专业的音乐放松椅和音乐反馈治疗系统,同时配备专用音乐,包括放松、缓减压力、消除紧张、镇定焦虑头脑、安抚疲惫心灵、催眠等系列音乐。

2. 环境要求。心理放松室面积一般为10—15平方米,宜选用直通式的房间,房间需通风且采光好。装修风格宜与心理辅导室的装修风格相匹配,使用暖色调的装修。

3. 装饰布置。心理放松室在布置上应温馨、明亮,铺设木地板,符合对来访者开展音乐治疗的要求。鲜花置于茶几上,绿植高1米左右,置于心理放松室一角,墙上挂心理学挂图,营造放松、自然的气氛。

六、其他功能区

(一)心理图书阅览室

心理图书阅览室是以心理健康教育类图书资料为主的专用阅览室,主要放置帮助提高师生心理品质方面的书籍,包括心理方面的各种书籍和报刊,为师生提供有关心理教育方面的资料。师生可以利用课余时间,来这里学习相关心理健康知识,了解学习方法与策略,学习身心调节技术。

1. 功能要求。心理图书阅览室环境要优美、明快、和谐、庄重,同时具备科学性、文化性和教育性;房间的面积在30—40平方米,隔音良好;应当保证光线充足,避免阴暗潮湿;应保证良好通风,避免憋闷、压迫之感;宜以乳白或米黄之类柔和的颜色为基调。

2. 专业资料。可以包含心理健康教育类图书、心理咨询类图书、学生心理特点类图书、心理健康教育期刊等。

(二)心理测量室

心理测量室既可进行个案咨询测评,也可进行团体心理测评,以了解和掌握来访者的心理状态,为心理辅导提供参考依据。

1. 功能要求。心理测量室要有独立空间,安静氛围,配装有测试软件的电脑,一台可打印心理测试结果的打印机;室内配有绿色植物,缓解心情的同时也不影响测试者的注意力。

2. 心理测评软件。具有较高的信度和效度;内容涉及智力、情绪、认知、性格、职业、心理健康等几大测评领域,由多个国内外通用量表组成。

(三)沙盘游戏室

沙盘游戏室是心理教师借助箱庭疗法,通过创造意象和场景使来访学生表达自己,展现来访学生内心世界的场所。箱庭疗法的本质在于唤醒人的无意识,碰触里面最本源的心理内容。

1. 专业工具。沙盘游戏室要配备标准化实体沙盘,还可配备电子沙盘(非必备工具)。

2. 环境搭配。沙盘游戏室要安静、明亮,配置一定的绿色植物和挂画。

(四)心理宣泄室

心理宣泄室是一个提供建设性宣泄的场所。宣泄治疗能让来访学生有计划且理智地疏导自己的思想感情、欲望、冲动。让来访学生不快、郁闷的情绪从一个良性的渠道流淌出来,发泄掉压在心灵上的负担,重新体验轻松畅快的感觉。

1. 配置设备。心理宣泄室内摆置宣泄人和专业宣泄工具,供来访学生宣泄不良情绪;地面和墙面等也要配上专业的宣泄设备。

2. 环境布置。光线明暗适中,配有绿色植物和挂画。

第二节　心理测评

一、心理测评的作用

(一)用于筛查学生的心理问题或心理问题隐患

这是心理测评最常见的功用。往往以团体测评的形式进行。学校或教师可根据测验结果筛查学生的心理问题。

由于大部分的心理问题不会直接显现,而且学校心理健康教育专(兼)职教师往往人数较少,不一定与学生有直接接触,很难在第一时间排查出有心理问题的学生。所以心理健康教育专(兼)职教师往往希望通过一个或几个比较有效的心理测验,来反映学生的心理健康水平,并借此筛查出学生可能存在的心理问题或心理问题隐患,予以重点关注和跟进。

需要提醒的是,心理测评的结果只能作为一项参考,并不能完全根据心理测评数据来判断学生的问题,还要结合学生平时表现等信息综合判断,以免形成标签效应。

(二)用于促进学生的自我认识

用心理测评的方式,可以让学生更了解自己的气质类型、职业兴趣、能力类型、心理健康状态等,促进学生在发展过程中形成自我同一性。

心理测评在某种程度上能够促进学生的自我认识,但这不是绝对的。因此在使用中可以将测评结果作为参考,结合学生生活中的具体信息综合分析判断。

(三)用于初步的心理诊断

心理测评用于初步的心理诊断,往往是心理辅导教师在辅导过程中使用的。当发现学生的心理状态存在问题甚至异常时,可以通过心理测评进行辅助性判断,了解学生的适应情况或各项心理指标,借此来开展后续工作,如请班主任、家长密切关注,问题严重的应启动转介程序。

二、常用的心理测评工具

(一)小学生常用的心理测评工具

1. 小学生心理健康评定量表(MHRSP)

该量表来自陈永胜编写的《小学生心理诊断》,由心理学工作者和小学教师协同开发,对筛选、诊断小学生的心理健康问题有一定的成效。量表由8部分组成,共80个题目,每10个项目组成一个分量表,它们分别用英文字母A、B、C、D、E、

F、G、H 表示。其中 A——学习障碍；B——情绪障碍；C——性格缺陷；D——社会适应障碍；E——品德缺陷；F——不良习惯；G——行为障碍；H——特种障碍。

因小学生阅读和认知水平较低，且该量表没有编制智力测验的项目内容，故建议对小学五、六年级学生使用该量表进行心理健康测量时，需要结合智力测验进行。

2. 小学生心理健康量表

该量表又称小学生心理适应量表，由北京师范大学郑日昌教授等人于2008年编制而成，共47个项目，分为学习适应、学校人际、亲子关系、自我概念和生活适应5个因子。量表采用Likert 5点计分，"1"表示完全不符合，"2"表示多数不符合，"3"表示一般/不确定，"4"表示多数符合，"5"表示完全符合。

该量表适用于三年级以上的学生，从积极心理学的角度，测评了小学生是否能在环境互动中不断地调整身心状态，以达到平衡。量表分数越高，说明学生的心理健康水平越高。得分在3分以下的学生有时候可能会因周围环境产生烦恼，需要引起教师的关注。

3. 儿童14种人格因素问卷（CPQ）

这是由美国印第安纳州立大学波特博士同伊利诺州立大学人格及能力测验研究所卡特尔教授一起编制而成的，是公认的比较好的儿童人格测验量表。适用于8—14岁的中小学生。

该量表共有140个题目，每个题目都是一个情境问题，如"当听到有人说你的坏话时，你经常平静地跟他说理，还是感到非常恼火？"同时，根据情境问题给出了2—3个选项，要求受测者在几个选项中挑出一个最符合自己的选项。测验内容包含了14种人格因素，包括乐群性、聪慧性、稳定性、兴奋性、恃强性、轻松性、有恒性、敢为性、敏感性、充沛性、世故性、忧虑性、自律性和紧张性。测评教师通过这14个因素得分的提取，不但可以了解受测者每一方面的人格特征，也可以根据14种人格因素，对受测者的人格进行综合性的了解，从而全面地评价受测者的人格。

除直接测量这 14 种人格特征外，卡特尔教授等人还发展了一系列公式，利用量表的分数以及这些公式可以计算出一些次级人格特征，主要包括适应性与焦虑性、内外向、神经是否过敏等。

（二）中学生常用的心理测评工具

1. 中学生心理健康综合测量（MHT）

该量表根据日本铃木清等人编制的"不安倾向诊断测验"修订，按焦虑情绪所指向的对象和由焦虑情绪而产生的行为两方面测定，由学习焦虑、对人焦虑、孤独倾向、自责倾向、过敏倾向、身体症状、恐怖倾向、冲动倾向等 8 个内容量表构成。本测验共 100 个测验题目，每个题目只有"是""否"两个选项。该量表总分如果超过 65 分，则表明受测者可能存在某些心理困扰，需要身边人给予更多的理解与支持。

2. 气质测验量表

这是专门用来了解人的气质类型的一种量表。它既可以作为老师因材施教的依据，也可以为学生的生涯选择提供参考。

该量表共有 60 个题目，每个题目都是一个状态的陈述，如"做事力求稳妥，一般不做无把握的事"，要求受测者判断题目中描述的状态与自己的符合程度，并做出判断——"很符合""比较符合""介于符合与不符合之间""比较不符合""完全不符合"。测验结果包含了 4 种气质类型，即胆汁质、多血质、黏液质和抑郁质。

3. 考试焦虑测验（TAT）

这是专门用来了解考生对考试的焦虑程度的一种量表。可以用来发现存在考试焦虑问题的学生，或者对可能存在考试焦虑问题的学生做出评估。

该量表共有 33 个题目，每个题目都是一个有关考试状态的陈述，如"在重要考试的前几天，我就坐立不安了"，要求受测者判断题目中描述的状态与自己的符合程度，并做出判断——"很符合自己的情况""比较符合自己的情况""较不符合自己的情况""很不符合自己的情况"。根据总得分可把受测者的考试焦虑程度分为4种：镇定、轻度焦虑、中度焦虑和重度焦虑。对于中度以上焦虑者，相关老师应该给予一定指导，改善其不良心理状态。

4. 焦虑自评量表（SAS）

该量表广泛应用于精神科临床、精神卫生调查和心理咨询实践，是筛选和诊断焦虑状态的主要工具之一，可以让受测者了解自己的焦虑状况，也可以用于前后焦虑状态的比较。

该量表共有20个题目，每个题目都是一个状态的陈述，如"我觉得比平时容易紧张或着急"，要求受测者判断题目中描述的状态与自己的符合程度，并做出判断——"没有或很少""有时""大部分时间""绝大部分时间"。最后将受测者所得总分换算成标准分，对照全国常模来评定受测者的焦虑程度。

5. 抑郁自评量表（SDS）

该量表由美国杜克大学医学院的 William W. K. Zung 于1965年编制，是目前应用最广泛的抑郁自评量表之一，能够有效地反映个体抑郁的程度。

该量表共有20个题目，每个题目都是一个状态的陈述，如"我觉得闷闷不乐，情绪低沉"，要求受测者判断题目中描述的状态与自己的符合程度，并做出判断——"很少有""有时有""大部分时间有""绝大部分时间有"。最后，根据受测者的得分情况判断受测者的抑郁水平。

6. 90项症状清单（SCL-90）

该量表又名90项症状自评量表，由美国心理学家德若伽提斯（L. R. Derogatis）于1975年编制。该量表是世界上著名的心理健康测试量表之一，也是当前使用最为广泛的精神障碍和心理疾病门诊检查量表。

该测验适用于16周岁以上的成人，评定受测者在一周内的心理症状。内容包含较广泛的精神症状学内容，从感觉、情感、思维、意识、行为直至生活习惯、人际关系、饮食睡眠等，均有涉及，并采用躯体化、强迫症状、人际关系敏感、抑郁、焦虑、敌对、恐怖、偏执、精神病性、其他等10个因子分别反映受测者10个方面的心理症状情况。该量表共有90个项目，每一个项目均采用5级评分制。按全国常模结果,量表总分超过 160 分,或阳性项目超过 43 项,或任一因子分超过 2 分,可考虑筛选阳性,需进一步检查。

7. 卡特尔 16 项人格因素问卷(16PF)

该测验适用于初中文化水平及以上的人群,从 16 个相对独立的性格维度对个人进行评价,能够较全面地反映个人的性格特点。

结果分析:该问卷使用 1—10 分的标准分,其中 1—3 分为低分,4—7 分为平均分,8—10 分为高分。如果在某个维度上的得分为低分,可以解释为低分特征;如果分数趋中,则可以解释为平均特征;如果得分为高分,则在这个测验维度上解释为高分特征。分数越低,越偏向低分特征,反过来分数越高,越偏向于高分特征。极端低高分数者,需要被关注,可为进一步评估提供参考。

8. 艾森克个性测验(EPQ)

EPQ 问卷分为成人版和儿童版,分别适用于 16 岁以上成人和 7—15 岁儿童;施测时间 10—15 分钟;分 E、N、P、L 四个量表,各量表的具体结果含义如下。

(1)典型的外向(E 分特高,分数高于 15):善于交际,寻求刺激,好出风头,做事急于求成,一般来说属于冲动型,不能时时很好地控制自己的情感。

(2)典型的内向(E 分特低,分数低于 8):表现安静,善于自我省察,做事瞻前顾后;善于控制情感,很少有攻击行为,但一旦被激怒很难平复。

(3)典型情绪不稳(N 分特高,分数高于 14):焦虑、紧张、易怒,往往会抑郁,睡眠不好,患有各种心身障碍。情绪反应都过于强烈,情绪被激发后又很难平复下来。

(4)情绪稳定(N 分很低,分数低于 9):表示倾向于情绪反应缓慢、轻微,即使激起了情绪也很快平复下来,通常平静、稳重、性情温和,即使生点气也是有节制的,且不紧张焦虑。

(5)P 量表分(分数高于 8):表示可能是孤独、不关心他人,难以适应外部环境,不近人情,与别人不友好,喜欢寻衅搅扰,喜欢干奇特的事情,并且不顾危险。

(6)L 量表分(分数高于 18):显示受测者有掩饰倾向,测验结果可能失真。

三、心理测评的一般流程

这里我们提供的是基于综合评估下的检出与反馈模式。

第一步：新生入学时，填写"新生入学档案记录表（密）"，了解学生的兴趣爱好、家庭情况、生理状态、以往的成功或失败经历以及当前的困惑烦恼。

第二步：班主任收集"新生入学档案记录表（密）"后，结合一段时间的观察，填写"生理/心理需要特别关注的学生排查登记表"（以下简称"登记表"）。

登记信息包括：学生姓名、性别、家庭情况、家庭联系人、家庭联系方式、出生年月、具体情况说明和治疗/用药史。由班主任统一整理名单，汇总到学校心理健康教育指导中心。这份名单每学期统计一次。在学期中，如果班主任发现需要特别关注的学生，需及时将学生信息汇报至学校心理健康教育指导中心，由心理健康教育专（兼）职教师补充该学期的"登记表"。

第三步：开展新生心理适应讲座，在有条件开课的情况下，可以以心理课程的形式渗透。这么做的目的是让学生了解新生入学时常见的心理问题，对心理健康形成动态理解，进行心理测评的预告并对心理辅导室开放时间进行说明。

第四步：进行心理测评，将测评结果整理成电子档案，对检出学生做好标记。

第五步：提取"登记表"中提及学生的测评报告，将"登记表"与测评检出均涉及的学生列为重点观察对象，及时向班主任了解这些学生的动态信息。对适应不良的学生，建议学生来心理辅导室进行面询评估。对于仅检出，而未被班主任列入"登记表"的学生，如果检出分不是太高，可作为普通关注；如果检出分很高，应适当向班主任了解学生的近况。

第六步：根据综合评估结果，给出转介、重点关注、一般关注等建议。将需要转介和重点关注的学生进行备注，联系家长，建立心理档案，上报年段与校长室，进行后期关注与处理。

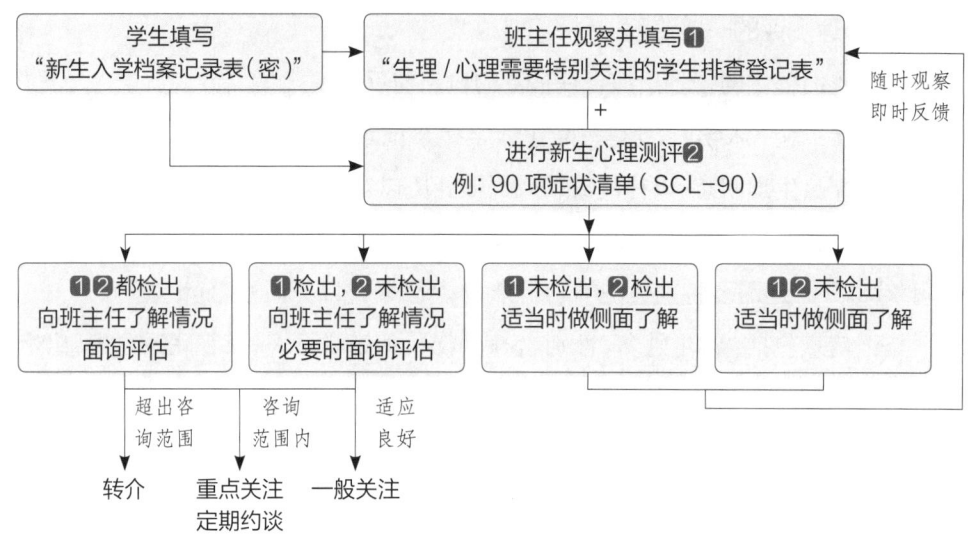

图 4-1　基于综合评估下的检出与反馈模式流程图

四、心理测评应注意的问题

1. 心理测评需要由专业的教师，或者受过相关培训的教师施测。

2. 测评过程中保持环境的舒适与安静。如果是团体测评，需要严格控制纪律，避免同学间相互沟通；提前完成的学生，应安静自习，等所有学生完成后一起离开。

3. 充分尊重受测学生的知情权。当学生要求查看测评结果时，需提供测评结果的信息。

4. 测评结果不一定需要即时反馈。特别是在进行症状自评类的团体测评时，要避免在团体情境下直接公布结果，以免学生之间的比较和窥探。

5. 测评具有一定的时效性。如果距离上一次测评时间比较久了，建议复测。

6. 不根据测评结果做出临床诊断。学校环境下的心理测评，可以作为心理咨询或是否建议转介的参考，不能作为临床诊断的依据。

7. 对测评结果的即时性解读。测评结果是在测评情境下形成的，可以反映学生当时，或是包含当时所在的一段时间内的心理状态，而不是持续、稳定的，测评的结果可能根据测评时间、情境的不同而有所差别。

8. 对测评结果的发展性解读。在对学生做测评解读时，如果碰到某些症状得分比较高的情况，可以更多地引导学生往可改变、可发展的角度思考，而不过分拘泥于得分高低。

9. 测评结果的保密性。一般情况下，不主动将学生的测评结果透露给第三方。若第三方（如监护人、班主任、同学等）需要知情，也需要在征得学生本人同意的情况下才能将必要的信息告知第三方。

10. 知情例外。当测评结果显示学生有比较大的心理冲突或比较严重的心理问题，教师经过咨询面谈发现该学生有自杀、伤人倾向的，在必要时可将测评结果报告给监护人、班主任或转介方等，便于后期家校沟通处理。

第三节　心理档案

建立学生心理档案有利于教师了解、分析学生的个性特征，实现因材施教；有利于及时发现学生的心理困惑及心理问题，及时进行辅导，帮助学生健康成长；有利于健全学校心理危机管理机制，做到早发现、早预警、早干预。

建立学生心理档案是一个动态的过程，要根据学生在校期间的心理、行为发展变化情况持续跟进记录，不断补充，尽可能准确、完整地反映学生的心理发展状况。

这里，我们提供几种学校常用的记录表，供大家参考使用。

表 4-2　学生心理档案

编号：　　　　　　　　　　　　　　　　　　　　　　　　　　　　　　　保密

<table>
<tr><td rowspan="4">个人情况</td><td>姓名</td><td></td><td colspan="2">性别</td><td></td><td colspan="2">年级</td><td></td><td colspan="2">班级</td><td></td></tr>
<tr><td>出生年月</td><td></td><td colspan="2">籍贯</td><td></td><td colspan="2">学习情况</td><td></td><td colspan="2">健康状况</td><td></td></tr>
<tr><td>家庭地址</td><td colspan="10"></td></tr>
<tr><td>兴趣特长</td><td colspan="10"></td></tr>
<tr><td rowspan="5">家庭情况</td><td rowspan="2">称谓</td><td rowspan="2">姓名</td><td rowspan="2">年龄</td><td rowspan="2">学历</td><td rowspan="2">职业</td><td colspan="4">你对他(她)的喜爱程度</td></tr>
<tr><td>喜爱</td><td>较喜爱</td><td>无所谓</td><td>不喜爱</td></tr>
<tr><td>父亲</td><td></td><td></td><td></td><td></td><td></td><td></td><td></td><td></td></tr>
<tr><td>母亲</td><td></td><td></td><td></td><td></td><td></td><td></td><td></td><td></td></tr>
<tr><td></td><td></td><td></td><td></td><td></td><td></td><td></td><td></td><td></td></tr>
<tr><td rowspan="6">学习经历</td><td rowspan="2">起止日期</td><td rowspan="2">何校学习</td><td rowspan="2">职务</td><td colspan="6">对当时所处集体的喜欢程度</td></tr>
<tr><td>喜欢</td><td>较喜欢</td><td>一般</td><td>不太喜欢</td><td>不喜欢</td><td>说不清</td></tr>
<tr><td></td><td></td><td></td><td></td><td></td><td></td><td></td><td></td><td></td></tr>
<tr><td></td><td></td><td></td><td></td><td></td><td></td><td></td><td></td><td></td></tr>
<tr><td></td><td></td><td></td><td></td><td></td><td></td><td></td><td></td><td></td></tr>
<tr><td></td><td></td><td></td><td></td><td></td><td></td><td></td><td></td><td></td></tr>
<tr><td rowspan="4">成功经历</td><td>序号</td><td>时间</td><td colspan="7">事件</td></tr>
<tr><td></td><td></td><td colspan="7"></td></tr>
<tr><td></td><td></td><td colspan="7"></td></tr>
<tr><td></td><td></td><td colspan="7"></td></tr>
<tr><td rowspan="4">失败经历</td><td>序号</td><td>时间</td><td colspan="7">事件</td></tr>
<tr><td></td><td></td><td colspan="7"></td></tr>
<tr><td></td><td></td><td colspan="7"></td></tr>
<tr><td></td><td></td><td colspan="7"></td></tr>
<tr><td rowspan="6">自我评价</td><td></td><td colspan="1">很好</td><td colspan="2">较好</td><td colspan="1">一般</td><td colspan="1">较差</td><td colspan="2">很差</td><td colspan="2">说不清</td></tr>
<tr><td>人际关系</td><td></td><td colspan="2"></td><td></td><td></td><td colspan="2"></td><td colspan="2"></td></tr>
<tr><td>学习成绩</td><td></td><td colspan="2"></td><td></td><td></td><td colspan="2"></td><td colspan="2"></td></tr>
<tr><td>学习态度</td><td></td><td colspan="2"></td><td></td><td></td><td colspan="2"></td><td colspan="2"></td></tr>
<tr><td>学习习惯</td><td></td><td colspan="2"></td><td></td><td></td><td colspan="2"></td><td colspan="2"></td></tr>
<tr><td>思想品德</td><td></td><td colspan="2"></td><td></td><td></td><td colspan="2"></td><td colspan="2"></td></tr>
</table>

续表

自我评价	行为习惯				
	身体状况				
	自控能力				
困惑烦恼					
教师建议					
关注程度	一般关注（　　）　　重点关注（　　）　　跟踪关注（　　）				

表4-3　学生个体心理辅导记录表

保密

编号：

基本情况	姓名		性别		年级		班级	
	生日		电话/QQ				日期	
类别	普通个案		典型个案		起止时间			
来历	本人主动		教师建议		家长建议		同伴建议	
来访次数	第（　　）次							
主要问题	1.自我评价（　）；2.学习（　）；3.考试（　）；4.情绪（　）；5.前途（　）；6.适应（　）；7.睡眠（　）；8.人际：同桌（　）寝室（　）好友（　）同性（　）异性（　）家长（　）教师（　）；9.强迫症状（　）；10.抑郁（　）；11.焦虑（　）；12.恐怖（　）；13.人格（　）；14.精神（　）；15.躯体化（　）；16.其他（　）							
家庭情况					学校表现			

续表

求助问题与症状 （详细附后）	
辅导过程 （详细附后）	
建议与转介 （详细附后）	

辅导教师签名：

表4-4 学生个体心理辅导台账

编号	来访对象	性别	日期	星期	班级	事由概述	辅导教师	备注

表 4-5　心理高危学生情况记录表

编号：　　　　　　　　　　　　　　　　　　　　　　　　　　　保密

姓名		性别		班级		出生年月	
籍贯		学习情况		健康状况		登记时间	
家庭住址							
主要表现							
初步分析							
关注建议							
转介情况							
备注							

辅导教师签名：

第四节　工作规范

一、心理辅导室工作规范

1. 辅导教师须遵守职业道德，提高专业素养，态度热情，工作细致、认真。

2. 按规定保证心理辅导室的开放时间。

3. 严格遵守接访制度，辅导教师须认真对待来访、来电、来信和网络求助，及时做好辅导记录，并按要求归档。

4. 严格遵守保密原则。非专业人员未经允许不得进入辅导室。如来访者有严重心理问题，或可能引发危机事件的案例，辅导教师应说明保密例外，并及时上报校领导。

5. 保持心理辅导室整洁，营造安全、温馨的工作环境。

6. 维护心理辅导室的各项设备，定期进行检查，保证其正常使用。

7. 学校心理辅导室不得用于任何营利性心理咨询活动。

二、个别辅导工作规范

1. 辅导教师应向来访者说明自己的专业资格及辅导程序上的规则。

2. 辅导教师与来访者应对角色的界定、预期的目标、采取的策略及可能的结果等有所了解，并取得一致。

3. 在进行心理测试之前，辅导教师必须向来访者说明测试内容和目的，并在测试结束后给出慎重的专业解释。

4. 个别辅导的工作原则在于指导来访者自立自强，从正面促进其成长。接访时间原则上控制在 40 分钟之内，应注意避免来访者的过分依赖。

5. 辅导教师要准时到岗接待来访者，遇有特殊情况（包括心情不佳等）不能准时到岗，必须上报分管领导，事先做好换班等衔接工作，并及时告知预约来访者。

6. 辅导教师应注意保持情绪稳定，在自身处于情绪极度波动状态时，应回避接待来访者。

7. 辅导教师并非心理医生，一般不对来访者做诊断性评价，更不能擅自开具有关心理问题的诊断证明；如无法对来访者提供帮助，应启动转介程序，建议其咨询专业心理医师。

8. 及时填写个案辅导记录。其内容主要包括来访者的基本情况、叙述的主要问题、辅导的一般过程、辅导建议、辅导效果及其他事项。

三、小团体辅导室工作规范

1. 小团体成员应积极配合辅导教师工作，维持小团体辅导室内正常秩序，不得吵闹喧哗，做到言行文明得体。

2. 小团体成员在辅导过程中要真诚、开放、信任他人，并对他人的言语和行为保密。

3. 保持小团体辅导室的整洁卫生。

4. 辅导结束后物品归放原处，桌椅恢复原状，关好门窗，关闭电源。

5. 自觉爱护小团体辅导室内的设施，做好防火、防潮、防蛀、防高温、通风换气等维护工作。

四、心理放松室工作规范

1. 来访者必须征得辅导教师同意并履行登记手续，按开放时间或预约时间使用心理放松室。

2. 使用前，应检查仪器设备是否正常、安全。

3. 来访者应在辅导教师的说明和指导下正确使用仪器设备。

4. 辅导教师应认真观察来访者的心理变化，并及时调节放松手段与强度、节奏。

5. 辅导教师应及时总结来访者的放松效果，并做好记录。

6. 定期维护仪器设备。

五、心理档案管理规范

1. 心理档案应包括学生的基本情况、心理测评结果、个人性格分析等；日常辅导情况要及时补充到心理档案中。

2. 心理档案要分年级、分类保存。被检出的学生经辅导恢复正常后，要及时将其档案归入正常学生档案中。

3. 心理档案要统一保管在指定的档案柜中，由专人负责保管。值班人员如需调阅，须登记并写明原因，用后及时归还，不得私自将心理档案带出档案室。

4. 严格遵守保密规定。心理档案只能作为辅导人员开展辅导服务的依据，不得对外公开；如果需要转介，须经当事人同意；如果用于案例研讨，须经负责人同意，并隐去相关信息。

第五章

中小学校园心理危机的预防与干预

第一节 心理危机概论

一、危机

危机又称危机事件,是指人类个体或群体无法利用现有资源和惯常应对机制加以处理的事件和遭遇。危机事件分公共危机事件与个人危机事件。大地震、洪水、病毒流行等属于公共危机事件,遭遇暴力、父母离异、失恋等属于个人危机事件。

危机的概念中含有两层意思:一是危险,二是转机。

二、心理危机

心理危机是指遭遇有重大心理影响的事件或境遇,以常规方法无法有效应对,进而引起急性认知、情感、行为和躯体反应等方面功能失调的危险状态。

(一)基本组成

1. 危机源,又称危机事件。
2. 危机事件给当事人带来的痛苦与心理创伤。
3. 当事人习惯使用的应对方式失效,使其在认知、情感、行为等方面的功能都较事件发生前有明显降低。

(二)重要特征

1. 由突发事件或重大生活逆境引起。
2. 无法回避、无力应对。

3. 当事人的心理受到巨大冲击，严重的会导致创伤后应激障碍（PTSD）等心理障碍。

（三）危机类型

1. 情境性危机。如交通意外、亲人逝世等对心理有重大冲击的应激事件。
2. 发展性危机。如高考失利等在成长和发展过程中出现的无法应对的挫折。
3. 存在性危机。如择业等伴着重要的人生问题出现的冲突和焦虑。
4. 环境性危机。如因自然原因或人为原因导致的自然灾害、战争、流行病、恐怖袭击等。

（四）危机表现

遭遇危机事件的当事人心理可能在一段时间内会处于失衡状态，一般表现为极度自卑、焦虑、抑郁，甚至有可能不能自拔而导致自杀行为的出现。这段时间一般为4—8周，不同的人可能会因为个人特质、应对危机的方式、社会支持等不同表现不一致。

具体的危机表现主要体现在生理、情绪、认知和行为四个方面的失衡。

1. 生理方面：心跳加快、肠胃不适、食欲下降、睡眠障碍、易受惊吓、易疲乏、头晕目眩、呼吸困难、肌肉紧张等。
2. 情绪方面：否认、自卑、焦虑、抑郁、恐惧、悲伤、易怒、绝望、无助、孤独、自责、过分敏感等。
3. 认知方面：记忆困难、注意力紊乱、不能把思想从危机事件上转移等。
4. 行为方面：沉默、逃避退缩、无食欲或者暴食、缺乏信任，甚至会出现自杀倾向。

三、校园心理危机

校园心理危机是指在学校学习和工作的个体，因在校园内或校园外遭遇危机事件而引起的心理危机。也泛指一切与在校师生有关的潜在心理危机或危机事件。学生心理危机的主要类型有以下几种。

1. 自我危机：与学生个体发展性危机及创伤性经历有关的心理危机。包括严重的学校适应不良、重大生理或心理疾病、遭遇严重挫折事件（如重大考试或竞赛失利）、意外事故（如交通事故、遭遇欺骗）、休学、复读、处分、自残自杀等。

2. 人际危机：由人际冲突及关系他人危机而产生的心理危机。关系他人指与心理危机当事人密切相关的人，如父母、家人、好友、同桌、班主任等。人际危机包括以下三种。

（1）同伴人际危机：如校园暴力、友谊破裂（对初中生影响更大）、失恋（对高中生影响更大）、被同伴误解、同学离世等。

（2）亲子人际危机：严重亲子冲突、严重家庭暴力、父母离世、父母离异、父母自杀未遂、父母再婚、其他亲人离世或自杀未遂、家庭财产重大损失、家人坐牢等。

（3）师生人际危机：与老师发生严重冲突、师生恋、任课教师离世等。

3. 环境危机：因学生个体所处环境巨变而导致的心理危机。如自然灾害、校园暴力、搬家、转学、校园公共危机事件等。

四、心理危机干预

广义的心理危机干预是指全程危机干预，不仅包括危机发生后的应激干预，还包括危机发生前的预防和预警，以及危机应激干预后的评估、维护与总结。狭义的心理危机干预是指在发生严重突发事件或创伤性事件后采取的迅速、及时的心理干预。

在中小学，识别和干预有严重心理问题、遭遇严重心理创伤及有自杀倾向的学生，是学校心理危机干预工作的主要内容，因此中小学校园心理危机干预机制的建立与实施，要从广义的心理危机干预概念入手，既要有危机发生前的预警，也要有危机发生中的干预，更要有危机干预后的维护和管理。

目前的心理危机干预工作主要从导致心理危机的因素、危机后的心理行为表现及心理危机干预的目的和基本原则三方面展开。

1. 导致心理危机的因素除了危机源，即诱发心理危机的导火索，还有个体的因素，如个体的人格健全性、认知是否存在偏差、自我压弹能力、危机应对机制、社会支持等。导致心理危机的因素一般会成为心理危机干预中预防环节的重要参考。

2. 危机后的心理行为表现即生理、情绪、认知、行为四个方面的表现。这些是心理危机干预中评估环节的重要参考。

3. 心理危机干预的目的和基本原则。心理危机干预的目的是使当事人的心理恢复到平衡状态，降低当事人的压力水平，重新获得正常的甚至更好的社会功能。心理危机干预的基本原则包括及时性、稳定化、获得正确的认知、重在问题的解决、鼓励自我支持等。

第二节 心理危机预防干预机制

校园心理危机预防干预机制是学校的一种制度化安排，指在未发生危机事件之前，通过一定的工作手段，提早发现经历心理危机的个体，或潜在的心理危机者（如深受心理疾病困扰或正在遭受心理创伤的学生），以便及时对他们实施帮助与干预。

校园心理危机预防干预机制的对象是全体学生和教职员工，学校心理危机管理领导小组可以根据师生心理危机的轻重程度、危机的高发时期等分层建立校园心理危机三级预防干预机制。

一、一级预防干预：在特定时间点实施的预防和干预

（一）时间节点

心理疾病高发的时期在春秋两季，如开学初、重要考试前后等都是容易引发

学生心理危机的特殊时间段。

1. 近期家庭（或学校）生活中出现重大变故时，如亲人死亡、父母离异、父母下岗、家庭暴力等。

2. 与父母、教师、同学等发生严重人际（甚至肢体）冲突时。

3. 从外地（校）转学、因病住院或休学后复学、各学期开学或结束时。

4. 重大考试或事件（比赛、竞赛、评比等）出现严重失败时。

5. 遭遇突发性创伤或刺激时，如性伤害、意外怀孕、自然灾害、校园暴力、车祸等。

6. 身边亲近的人出现心理危机（如自杀危机）时。

（二）工作措施

一级预防干预重在帮助全体学生更好地应对特定时段的发展性任务。

1. 学校心理危机管理领导小组在学生容易产生心理危机的特殊时间段前提早发布"心理危机预警通告"，告知师生应该关注的行为与对象，提出预防干预的相关措施。

2. 根据特定的情况增加相应的心理健康教育活动，如心理健康活动课、团体心理辅导活动以及心理讲座、心理宣传与展览等，帮助学生了解特定事件（如家庭变故和个人成长变故等）发生时的心理冲突以及恢复心理平衡的方法，并增进学生的情绪调控能力。

3. 要求班主任和班级心理委员提高关注度，能够注意到特定时间点的学生、同伴的心理危机，并能为学生、同伴提供及时的心理支持，向他们表达关心与支持。

4. 要求学校行政管理人员及学科任课教师提高预防意识，防止学校管理以及教学过程中出现伤及学生心理的粗暴行为，防范"师源性"的心理问题以及由此引发的学生心理危机。

二、二级预防干预：对特定对象实施的预防和干预

（一）针对特定对象的识别与关注

1. 个性内向敏感者。

2. 个性暴躁易怒者。

3. 心理测试显示抑郁倾向较高者、有狂躁倾向及反社会边缘人格特点者。

二级预防干预对象应报学校心理危机管理领导小组备案。

（二）工作措施

二级预防干预的工作任务是为筛检出来的具有早期或潜在心理问题的特定对象提供个性化的心理支持与干预，以避免其严重化。

1. 建立学生心理档案。定期开展心理健康状况检测，全面了解和掌握学生的心理健康状况、个性与人格特质、是否正在经历心理危机事件等重要信息。在发生特定事件后，重点关注情绪和行为有异常的学生。

2. 专业评估。对筛检指标异常的对象进行重点评估，并制订干预方案。

3. 对特定学生群体进行有针对性的小团体辅导，帮助他们掌握一定的心理技能，调整认知，学会自我调控情绪和自我心理复原。

4. 建立联动机制。学校心理健康教育专职教师指导家长和班主任为学生提供更有效的心理支持与帮助。

5. 违纪、违规学生的评估与转介。因违纪、违规而受到处罚的学生，实际上正在经历危机事件。心理辅导室与学生处等相关行政部门应通力合作实施干预，包括与学生个人面谈、与家长面谈、同政教处领导共同评估学生的情况、协商对学生的处理方式等，必要时还要涉及转介。

三、三级预防干预：在个体出现危机信号时实施的预防和干预

（一）危机信号

1. 强烈的情绪反应：当事人表现出高度的焦虑、紧张、丧失感、空虚感，并可能伴随恐惧、愤怒、罪恶、烦恼、羞愧等情绪。

2. 认知改变：身心沉浸于悲痛之中，导致记忆和知觉改变，认为自己所面临的（事实上或想象中的）困境是无法逃避的、无法忍受的、无法改变的。

3. 行为异常：不能专心学习、工作或劳动，行为和思维情感不一致，出现过去

没有的非典型行为。

（1）内向的突然变得外向起来，外向的突然变得内向甚至封闭、沉默。

（2）作业、作文、日记、信件、图画或乱涂乱画的只言片语中常常谈及与死相关的话题或表达生活的无意义感。

（3）有暗自流泪或与其他人告别的言行。

（4）不明原因突然给同学、朋友或家人送礼物、请客、赔礼道歉、述说告别的话等。

4. 患有心理疾病且出现心理或行为异常（如患有抑郁症、恐惧症、强迫症、焦虑症等心理障碍的学生）：三级预防干预对象应由学校心理危机管理领导小组报市、区（县）中小学心理健康教育指导中心办公室备案。

（二）工作措施

三级预防干预对象是已经遭遇问题的高危个体。

1. 收集心理危机的预警信号。通过心理健康状况检测，把有心理障碍、心理疾病、精神分裂症倾向及自杀倾向的学生或正在经历心理危机事件的学生，录入学生心理危机预警库，作为心理危机预警对象进行重点预防与监护。

2. 加强日常动态监测。要求班主任、任课教师、班级心理委员提高对心理危机预警对象的关注度，及时报告相关信息。

3. 制订个性化预防干预方案。建立校内外互动的专业队伍，制定并实施"一生一案"的干预措施，尽可能防止问题重复出现或者恶化。

4. 设立心理危机救助热线电话。心理危机救助热线电话能够提供简单的支持性治疗和相关信息，以及转介服务。心理危机救助热线电话应在学校网站或校园显著区域向全校学生公开，方便学生拨打。

5. 健全心理危机应对工作机制。特别是心理危机事件发生后，除了校内心理危机干预小组的参与，还需要校外专业团队（医疗救护与诊治）的援助支持。

表 5-1　学校心理高危学生名单

学校名称：

序号	姓名	年级班级	危机类别	是否已制订干预方案	联系人及电话

表 5-2　学校心理高危学生干预方案

姓名		学校		班级	
学生主要心理症状					
心理评估结论					
干预方案	（包括原因分析与具体干预措施，可附页。）				
主要责任人		电话		邮箱	

附录 5-1：宁波地区心理辅导、咨询热线

1. 宁波市中小学心理热线：87368585，周六、周日 8：30—11：30，13：30—16：30

2. 海曙区中小学心理热线：87321890，周一、周三、周五 18：00—20：00

3. 江北区中小学心理热线：55861890，周五 8：30—11：00，13：30—16：00；江北区未成年人心理热线：89187625，周一至周五 8：30—11：00，13：30—16：00

4. 镇海区中小学心理热线：86281359，周一至周六 9：00—17：00

5. 北仑区中小学心理热线：86783665，周一至周五 8：30—11：30，13：30—17：00

6. 鄞州区中小学心理热线：88451010，周一至周五工作时间，周六上午

7. 奉化区中小学心理热线：88968585，周六、周日 8：30—11：00

8. 慈溪市中小学心理热线：63898070、63895339，周一、周二、周六 8：00—11：30，13：30—16：00

9. 余姚市中小学心理热线：62605986，周六、周日 9：00—11：00，14：00—16：00

10. 宁海县中小学心理热线：65583890，周一至周五 9：00—11：30，14：00—16：30

11. 象山县中小学心理热线：65767137，13777939495，周一至周五 9：00—11：00，13：30—16：00

12. 东钱湖中小学心理热线：中学 15058898050，小学 13857897921，周一至周五 9：00—12：00，14：00—17：00

13. 大榭开发区中小学心理热线：86760067，周一至周五 9：00—11：00，13：30—16：00

14. 宁波国家高新区青少年心理热线：81877908，周一至周五 9：00—11：00，13：30—16：00

15. 宁波市心理咨询中心 24 小时服务热线：81859666 或 12320

第三节 危机干预与心理援助

一、校园心理危机的应激干预模式和干预策略

（一）校园心理危机的应激干预模式

心理危机干预是对已经发生危机事件的当事人或群体，以及他们的关系他人，进行针对性的心理危机干预，通过专业的心理危机干预策略的实施，达到降低危机后心理创伤的目的。学校从危机管理工作出发，可以把危机事件分成校园公共危机事件和师生个人危机事件，分别建立两套心理危机的应激干预模式，即校园公共危机事件的应激干预模式和个人创伤性危机事件的应激干预模式，以更好地处理两种不同的校园危机事件。

1. 校园公共危机事件的应激干预模式

校园公共危机事件是极小概率事件，但一旦发生，后果会很严重，受影响面也会很大，要防患于未然。

校园公共危机事件的应激干预模式又称危机管理，主要针对突发的校园公共危机事件，具体内容如下。

（1）当校园公共危机事件发生时，校内心理危机干预领导小组迅速各就各位，组长第一时间部署各部门开展危机应激干预。

（2）如有人身伤害，最先执行紧急医护救援行动，确保危机当事人安全，必要时请求支援。

（3）迅速了解危机事件发生经过，排除安全隐患，保证危机当事人的人身安全不继续受到威胁。

（4）心理辅导室实施心理援助，稳定危机当事人的情绪，对危机当事人进行心理援助,必要时请求上级专业人员的援助。

(5)加强校内外的安全维护。

(6)设立对外发言人,将危机事件及处理方式迅速上报上级部门,并统一向家长、其他相关部门及新闻媒体公布。

(7)在校内进行总结,对危机事件的发生、处理、后果及未来改进之道予以讨论。

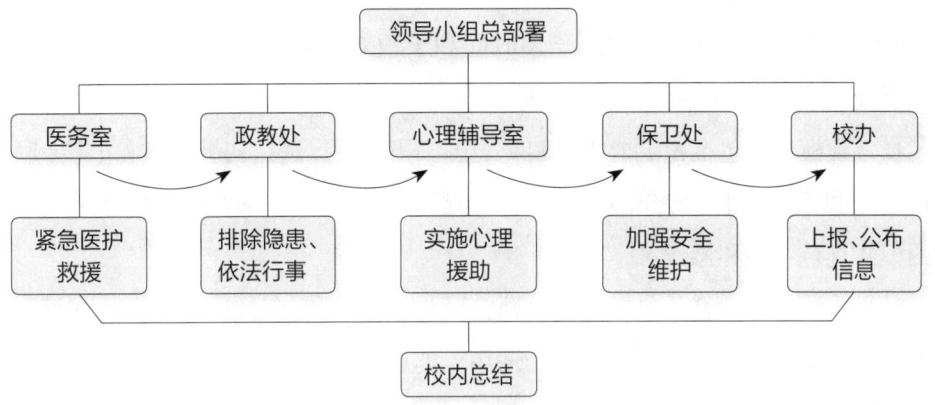

图 5-1 校园公共危机事件的应激干预模式

2. 个人创伤性危机事件的应激干预模式

个人创伤性危机事件的应激干预模式包括以下内容。

(1)稳定情绪,确保安全。

(2)评估心理创伤,如果创伤水平超出学校的干预能力,立即转介上级专业机构。

(3)对危机当事人及其他重要关系他人提供心理援助。

(4)报告校内心理危机干预领导小组,并反馈给班主任和家长。

(5)心理辅导室备案,进入动态管理系统。

(6)结束与总结,进行案例讨论。

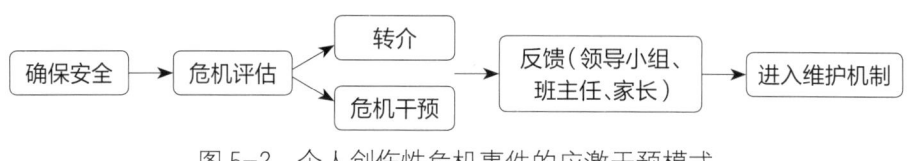

图 5-2 个人创伤性危机事件的应激干预模式

（二）校园心理危机干预策略

不同的个人创伤性心理危机类型，采用的干预模型和策略也不同，有些还需要多种策略和技术的共同应用，干预时间和干预效果也因人而异。在危机干预中，主要的干预模型和策略有以下几种。

1. 常规模型。包括稳定情绪，确保安全；了解问题，进行初级评估和干预；联系班主任和家长；进行转介；备案，进入动态管理系统。一般性的危机都采用这样的模式进行干预和操作。

2. 六步法干预模型。包括明确问题、确保当事人的安全、给予支持、诊察可利用的应对方案、制订计划、获得承诺。适用于如逃学、厌学、学校恐惧、严重的考试焦虑等问题的危机干预。

3. CISD 七阶段模型。包括介绍阶段、事实阶段、想法阶段、反应阶段、症状阶段、教育阶段、再进入阶段。对严重的、突发的心理危机事件的干预，宜采用这样的模式。如家庭暴力、严重的人际冲突、自残、自杀危机等。

4. 平衡模型。重点放在稳定当事人的情绪上，使他们重新获得危机前的平衡状态。主要适用于危机的早期干预。

5. 认知模型。包括确定问题、发现问题中的不合理认知、认知辩论、认知改变。适用于因不合理认知导致的危机行为。

6. 哀伤辅导模型。包括对丧亲的哀痛、体验哀痛、接受丧亲的现实、在失去亲人的情境下重新调整生活。适用于丧失亲人、密友等重要关系他人的危机事件导致的心理创伤。

链接材料

六步法干预模型

宁波中学　徐儿

六步法干预模型的六个步骤分别是：(1)明确问题；(2)确保当事人的安全；(3)给予支持；(4)诊察可利用的应对方案；(5)制订计划；(6)获得承诺。这是一个连续、灵活的过程，整个过程的实施都以危机干预工作者的评估为背景。在这六个步骤中，前三个步骤主要是倾听活动，后三个步骤是实际的干预行动。

步骤1：明确问题

危机干预的第一步，是从当事人的角度明确并理解其所面临的问题是什么。危机干预工作者必须以当事人同意的方式来感知或理解危机情境，否则，他所采用的任何干预策略或干预程序可能都会不得要领，对当事人没有任何意义。因此，在危机干预的起步阶段，危机干预工作者应采用共情、真诚、接纳或积极关注等方式来了解当事人的危机。

步骤2：确保当事人的安全

危机干预工作者必须自始至终确保当事人的安全，这是危机干预工作中最重要的工作。所谓确保当事人的安全，简单地说就是将当事人无论在身体上还是在心理上对自己或他人造成危险的可能性降到最低。因此，在危机干预过程中，要对当事人的安全问题进行评估并确保当事人及他人的安全。

步骤3：给予支持

危机干预的第三个步骤所强调的是，一定要让当事人相信，他的事情就是危机干预工作者的事情。所以在这个步骤中，危机干预工作者必须能以一种无条件的、积极的方式接纳当事人的所有，以表达"这里有一个人真的很关心你"的心理支持，不管当事人是否将会对他们有所回报。

步骤4：诊察可利用的应对方案

危机干预的第四步是探查出各种可供当事人选择和利用的应对方案。可以从以下三个角度来寻找：(1)情境的支持，就是当事人过去和现在所认识的人，他们可能会关心当事人到底发生了什么；(2)应对机制，就是当事人可以用来摆脱当前危机的各种行动、行为方式或环境资源；(3)当事人自己积极的、建设性的思维方式，就是当事人重新思考或审视危机情境及问题，这或许会改变当事人对问题的看法，并减缓他的压力和焦虑水平。

步骤5：制订计划

步骤5是步骤4的自然延伸。在这个步骤里，危机干预工作者应与当事人共同协商，制订行动计划，以帮助当事人恢复情绪平衡。这个行动计划包括：(1)找出可以随时提供当事人支持和帮助的个人及组织团体，如当地的心理危机干预热线、机构；(2)为当事人提供其能够立即着手进行的具体、积极的应对机制和行动方案，且保证当事人能够理解并掌握；(3)调动当事人的控制力和主动性，让当事人感到这是他自己的计划，因而愿意去执行这个计划；(4)告知当事人在计划执行过程中可能会发生什么，并获得当事人的同意，这一点非常重要。

步骤6：获得承诺

步骤6比较简单，要求当事人复述一下计划即可，其目的是让当事人承诺，一定会采取一个或若干个具体、积极、有意设计的行动步骤，从而使他恢复到危机前的平衡状态。

二、心理危机评估

整个心理危机活动期的持续时间因人而异，短则24—72小时，最长不应该超过6周。在危机状态下，个体会出现一系列负性的生理、情绪、行为反应，如果危机反应长时间得不到缓解，便会引发心理疾患或过激行为。所以，急性危机一般在持续几天后，便会发生某种变化——或者得到改善，或者变得更加糟糕。因此，在与危机当事人初步接触后，危机干预工作者首先必须尽可能快地对危机当事人的危机严重程度做出评估,这是非常重要的。

心理危机需要评估的因素包括:危机暴露程度、对危险的知觉、个人的脆弱性(先前的危机经历和心理健康问题)、危机反应以及应对行为等。

以下是具体的心理危机评估指标。

1. 评估危机的性质。判断是一次性危机还是复发性危机。

2. 评估当事人的功能水平。从情感、行为和认知三方面进行评估。情感评估包括愤怒/敌意、焦虑/恐惧、悲伤/忧郁三项内容;行为评估包括趋近、逃避、无能动性三项内容;认知评估包括侵犯、威胁、丧失三项内容。另外,还要对当事人当前的状态与危机发生前的功能水平进行比较,以确定危机发生后当事人的功能损失程度。功能评估要贯穿于危机干预整个过程。

表 5-3 三维评估体系

三维评估表:危机干预

R. A. Myer, R. C. Williams, A. J. Ottens & A. E. Schmidt 编制

危机事件

指出并简要描述危机情境:

情感领域

指出并简要描述你现在体验到的情感(如果你体验到不止一种情感,依其主次标出 #1、#2、#3)。

愤怒/敌意:

焦虑/恐惧:

悲伤/忧郁:

续表

情感严重性量表									
圈出与当事人对危机的反应最接近的量表值									
1	2	3	4	5	6	7	8	9	10
无受损	轻微受损		低度受损		中度受损		高度受损		严重受损
情绪稳定,在正常范围内波动。情感体验与日常活动内容相匹配	情感与环境相匹配。有短暂的、相对于环境稍有夸张的消极情感体验。情绪基本在当事人控制范围内		情感与环境相匹配。但相对于环境稍有夸张的消极情感体验,其延续时间不断加长。当事人觉得情绪基本上还在自己的控制范围内		情感与环境不相匹配。长时间体验到强烈的消极情绪。情绪体验明显夸大,可能出现情绪不稳定的现象。情绪需努力才能加以控制		消极情感体验明显夸大。情感体验明显与环境不相匹配。情绪波动不定且幅度大。消极情绪的爆发不是当事人的意志努力能控制的		情感解体或混乱

行为领域
指出并简要描述你现在采用的行为方式(如果你采用不止一种行为方式,依其主次标出#1、#2、#3)。

趋近：

逃避：

无能动性：

续表

| \multicolumn{10}{c}{行为严重性量表} |
圈出与当事人对危机的反应最接近的量表值									
1	2	3	4	5	6	7	8	9	10
无受损	轻微受损		低度受损		中度受损		高度受损		严重受损
应对行为与危机事件相匹配。当事人能正常执行日常生活任务	偶尔表现出无效的应对行为。当事人能完成日常生活任务,但明显需要做出努力		偶尔表现出无效的应对行为。当事人忽视一些日常生活任务,对其他生活任务的完成效率下降		当事人应对行为无效,甚至是适应不良的。完成日常生活任务的能力明显下降		当事人应对行为反倒使危机情境趋于恶化。完成日常生活任务的能力几乎完全丧失		行为怪异,变幻莫测。当事人的行为对自己和(或)他人有害

认知领域

指出在下列领域内是否有侵犯、威胁或丧失出现,并简要描述(如果有不止一种认知反应出现,依其主次标出 #1、#2、#3)。

生理方面(食物、水、安全、住所等)

侵犯:　　　　　　威胁:　　　　　　丧失:

心理方面(自我概念、情绪体验、自我认同等)

侵犯:　　　　　　威胁:　　　　　　丧失:

社会关系方面(家庭、同事、朋友等)

侵犯:　　　　　　威胁:　　　　　　丧失:

道德/精神方面(人格的完整性、价值观、信仰等)

侵犯:　　　　　　威胁:　　　　　　丧失:

续表

认知严重性量表									
圈出与当事人对危机的反应最接近的量表值									
1	2	3	4	5	6	7	8	9	10
无受损		轻微受损		低度受损		中度受损		高度受损	严重受损
注意力完好。当事人表现出正常的问题解决能力和决策能力。当事人对危机事件的感知和解释与实际情况相符		当事人思维内容集中于危机事件，但思维过程尚在意志控制范围内。问题解决能力及决策能力受到轻微影响。对危机事件的感知和解释基本上与实际情况相符合		注意力偶尔不能集中。关于危机事件的思维的自控力下降。在问题解决及决策方面经常感到困难。当事人对危机事件的感知和解释在某些方面可能与实际情况不相符合		注意力经常不能集中。关于危机事件的思维具有强迫性，难以自控。问题解决能力及决策能力因强迫性思维、自我怀疑、疑虑不定等而严重受损。对危机事件的感知和解释与实际情况明显不符		陷于对危机事件的强迫性思维而难以自拔。问题解决能力及决策能力因强迫性思维、自我怀疑、疑虑不定等而严重受损。对危机事件的感知和解释几乎与实际情况不相干	除危机事件，基本上完全丧失注意力。因受强迫性思维、自我怀疑、疑虑不定等的影响，问题解决能力和决策能力几乎完全丧失。对危机事件的感知和解释达到曲解的程度，乃至于可能会对当事人产生悲剧性的影响

量表值累计
情感分量表：
行为分量表：
认知分量表：
分值累计：

3. 评估当事人的应对机制、支持系统及其他资源。在整个干预过程中，危机干预工作者要收集各种干预方案，同时还要考虑当事人对每一种方案的观点、能动性、优势及其资源。因此，在具体实施的过程中，危机干预工作者要考虑这样一些具体的问题，如：在当事人现在所选择或执行的方案中，哪一些可能有助于当事人恢复到危机前的自主状态？当事人现在能够采用哪些切实可行的行动或应对机制？有哪些机构、社会、专业力量或资源可以利用？有哪些人关心当事人并愿意随时提供帮助？对当事人克服危机而言，有哪些障碍存在？

4.危险性评估，包括对当事人自杀和杀人的可能性评估。并不是所有的危机事件中，当事人都会有自杀或杀人的念头。但是，在危机干预中，危机干预工作者一定不能掉以轻心，必须考虑到当事人自杀或杀人的可能性，因为破坏性行为有不同的表现形式，而且常有各种形式的伪装。与流行的看法相反，大多数想自杀或杀人的危机当事人往往会流露出明确的自杀或杀人的线索，或是给出警告信号。因此，在危机干预工作中，有必要对每一个当事人都进行自杀或杀人的可能性评估。

除了以上心理危机评估程序与指标，辅助的心理危机评估量表有：IES-R事件冲击量表、ASLEC青少年生活事件量表和PTSD、SAS、SDS、MMPI量表等。

三、自杀危机的应对建议

所谓自杀，是指个体蓄意或自愿自行采取行动结束自己生命的行为。它是一种复杂的社会现象。青少年是自杀的高危人群。当学生遭遇自杀危机时，要向学生强调帮助是随时都可以得到的。自杀是可以预防的，每一个人在预防自杀中都有作用。

具体应对建议如下。

1.相信你的怀疑，那个学生可能会伤害自己。

2.告诉那个学生你很担心他（她），接着以一种不加判断的、支持的态度倾听。

3.直接询问一些问题，包括当事人是否考虑要自杀，如果是，是否已经有了计划。

4.不要被当事人告诉你的信息吓坏。不要争论自杀是正确的还是错误的。不能因自杀而责怪任何人。不要承诺为他（她）的意图保密。保持镇静和支持，鼓励当事人继续述说。

5.如果你认为自杀的危险马上就会发生，不要让他（她）独处。

6.主动承认自杀作为一个选择的现实性，但不要把自杀"规定"为一个好的选择。

7. 不要在你不够资格的情况下为他（她）咨询，应向一个胜任的咨询师或专业机构寻求帮助。必要时应寻求医疗或公安系统的自杀干预谈判专家的帮助，以免悲剧发生。

8. 保证当事人是安全的，保证通知到负责的、合适的成人，与他（她）保持积极主动的交谈。

9. 若当事人自杀的愿望变得强烈，就告诉他（她），生活是一步一步、一天一天的，帮助就在身边，以一种直接的方式求助是必要的。

10. 在当事人已经明显解决了高风险的危机之后，要密切监控事态的进展，因为很多人就是在似乎已经重获新生或变得坚强之后突然自杀的。

11. 如果没有专业人员的评估和批准，不要让当事人返回学校。这可以保证当事人接受必要的治疗，同时也避免再次自杀的可能性。

第四节　危机干预后的管理与维护

一、急性危机学生的管理与维护

负责管理与维护校园心理危机的机构是学校心理危机管理领导小组，心理健康教育专职教师负责具体操作。对经历严重心理创伤的学生进行干预后的管理与维护工作主要有以下几项。

（一）干预工作记录

从接到危机报告开始，到介入危机干预、了解整个干预过程的进行情况，再到危机工作的结束,所有进展都要进行记录与归档。

工作记录可以采取危机干预动态日志和危机干预记录表的形式(如表 5-4 和表 5-5)。

表 5-4　危机干预动态日志

××学校危机干预动态日志　　　　日志编号：

当事人姓名：　　性别：　　年龄：　　班级：　　班主任：

动态日志 1

记录日期：

记录人员：

危机事件描述：

(如危机报告者,危机发生地点,危机事件描述,当事人的危机状态等)

干预措施：

(如采取的行动及结果,涉及的部门与人员,下一步的安排等)

动态日志 2

记录日期：

记录人员：

危机事件进展：

(如是否请上一级危机干预机构或工作人员加入或转介,当事人是否脱离危险等)

干预措施：

(如何开展危机干预,涉及的部门与人员,下一步的安排等)

动态日志 3

……

(注：如果当事人是教师,则去掉"班级"和"班主任"两项,增加学科或职务等相关信息。)

表 5-5　危机干预记录表

当事人姓名		性别		年龄		班级	
干预时间	年　月　日 时～　时				干预次数	第　　次	
危机事件描述							
干预措施							
其他重要信息							
					干预人员： 记录时间：　年　月　日　星期		

（二）干预后的评估与维护

从危机的爆发到危机的解决，评估活动是一个核心的、贯穿始终的活动。另外，后期的追踪维护也要跟上，持续到学生安全毕业离校。

1.干预效果评估。内容包括：当事人恢复到平衡状态的程度、社会功能水平、正确的认知、问题解决及自我支持功能等。只有当事人在能动性、平衡性、自主性等方面完全恢复到危机前的水平之后，干预才可以完全结束。

2.对于一些危机已经解除，但心理社会功能还未恢复到健康水平的危机当事人，危机干预结束之后，需要被转介到发展意义上的或者长时程的心理咨询及医学治疗中。

3. 所有评估都要进行记录并归档。

二、有心理疾病学生的管理与维护

（一）心理检测

心理健康普查是一项很好的心理检测手段。学校可在新生入学初期或春秋季等特定的时间点进行心理检测，筛查出可能有心理疾病的学生。心理检测程序参考如下。

1. 前期工作：将测试学生数据导入软件后台，编好学生上机用户名和密码；与计算机中心协商安排测试机房与测试班级；制定通知，下发到各个班级。

2. 实施检测：由心理健康教育教师为学生开展规范的心理测试，解释测试结果，并给出适合学生个体情况的建议。

3. 反馈结果：对各个班级的心理测试结果进行统计，结合高危学生面谈结果，写成班级心理健康普查报告，一对一反馈给班主任，对班主任进行具体的解释和工作指导。对全体学生的心理测试结果进行整理，完成心理报告并反馈给学校心理危机管理领导小组，将全部报告进行归档。

4. 面谈工作：筛查出心理高危学生，通过个别面谈的方式，进一步了解这些学生的情况，确实存在较严重心理问题的，进入心理危机干预或心理辅导程序。同时做好学生心理档案的建档和存档工作。程序3和程序4可以根据实际需要互换。

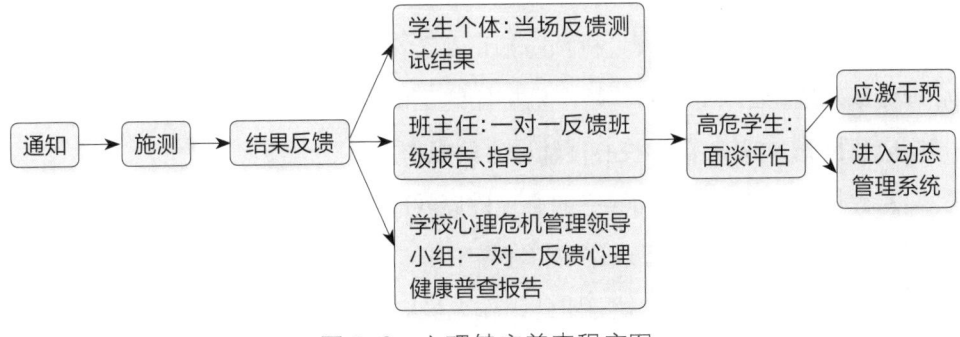

图 5-3　心理健康普查程序图

（二）跟踪监护

有些有心理疾病的学生边治疗边上学，有些治疗恢复后上学。对于在校的有心理疾病的学生，学校要做好跟踪监护工作。主要措施参考如下。

1. 同伴关注。发动班级心理委员、班干部和寝室长等骨干力量，一旦发现某生有心理异常或经历重大危机事件（如重大考试失利、丧亲、父母离异、与他人发生重大矛盾等），及时报告班主任。

2. 班主任随访。每学年春秋两季和重要考试前后，班主任要对记录在案的有心理疾病的学生进行定期的随访，或电话或面谈，以了解该生目前的状况，包括是否在接受药物治疗、心理咨询或治疗，是请假中、休学中或者已恢复健康复读中，以及学生的情绪稳定状况等。同时要了解是否有新的心理问题学生出现。

所有随访内容都要做好清楚而准确的记录，并存档。

表 5-6　班主任随访记录表

年级：				
班级	班主任	班级情况	排查学生个数	心理问题/危机学生具体情况
合计				

班主任根据所学的心理危机预防知识及工作经验，判断学生的问题是否属于心理健康问题，若该生的问题超出班主任的工作能力和范畴，班主任应立即采取相应应急措施，并及时向学校心理辅导室的工作人员发出预警。

3. 评估与咨询。心理辅导室的心理健康教育工作人员在接到预警后，联合班主任约见学生本人，做好心理评估与辅导工作。当学生被评估为有严重心理危机或心理疾病严重化时，心理辅导室的工作人员应及时与学校心理危机管理领导小组联系，同时采取联系家长等其他措施，确保学生的健康与安全。如果学生的问题超出学校专业人员的水平，学校应做好转介与后续服务等工作。

（三）动态管理

学校要对有严重心理问题的学生，在筛查发现、预警、评估、干预、转介治疗、休学、复读及复读后在校的监护管理、随访反馈等方面，做好动态记录和管理工作。

动态管理档案包括三个部分：严重心理问题学生资料库、严重心理问题学生动态管理日志和严重心理问题学生文本档案。

1. 严重心理问题学生资料库

可以将所有备案在册的严重心理问题学生归到一个资料库，这个资料库中最重要的部分是学生的个人心理档案，内容包括学生的心理健康普查结果、心理健康水平、个性特点、家庭背景、以往学校心理档案、预警途径等。

这个资料库的好处是：对本校严重心理问题学生既可以实施分年级管理，也可以实行分问题管理，还可以帮助学校心理工作者开展心理研究。

2. 严重心理问题学生动态管理日志

动态管理日志主要记录学校心理辅导教师对备案在册的严重心理问题学生的每一项辅导和干预工作。记录时务必清晰、具体、准确，并写上记录者和记录时间。这样做，一方面能帮助心理工作者更好地辅导和管理严重心理问题学生，另一方面为证实学校的预防、警告和干预责任情况做好重要的保留。

表 5-7 严重心理问题学生动态管理日志示例（部分）

			学生编号：13-01
学生姓名：HDY	性别：女	班级：401班	班主任：C老师
记录人员：X老师			
动态日志			
日志1：危机事件发生。4月15日傍晚，晚自修开始前，此名学生坐在4楼教室窗台，有向下跳的危机动作，被同班一名男生拉下来。男生第一时间将此事汇报给班主任，班主任汇报给学校心理危机管理领导小组的领导、心理老师。当晚便对该学生进行了危机干预，时间持续2小时。干预实施过程参考危机干预记录表，编号98X。			

续表

> 关于该生的基本信息:该生自高一来,多次与语文老师发生矛盾,语文老师反馈该生个性偏执、有敌意。班主任反馈该生在寝室有一些奇怪行为,如一个人跳舞,并怀疑其有自残行为。另外,该生曾经以口头和作文的形式表达厌世的想法。
> 日志 2:4 月 18 日下午(周日返校时间),该生独自来校上学。原本学校在 4 月 16 日已经要求家长带学生回家休息几日,由家长负责监护,但 HDY 自行返校,未和学校或班主任联系。学校联系了 HDY 的妈妈来学校进行沟通。参与沟通人员:分管学校心育工作的副校长 Y 老师、学生处主任 J 老师、心理老师 X 老师、班主任 C 老师。具体沟通内容见危机干预记录表,编号 99X。
> 日志 3:……

3. 严重心理问题学生文本档案

一般来说,严重心理问题学生资料库和严重心理问题学生动态管理日志这两项以电子档案为主。但是除这两项档案,还会有一些纸质的文本档案需要保存。比如,严重心理问题学生的告家长书、带有签名的学校与家长面谈记录、学生请假条、休学通知、专科医生诊断书、学生复学申请书、复学的医学证明书、学生面谈记录等。这些纸质的文本材料都要完整保存。

表 5-8 告家长书

> ×××家长:
>   您好!
>   自本学期开学以来,我们发现×××同学多次出现失眠、厌学、焦虑、恶心干呕等身心症状。在这次期中考试期间,×××同学出现了严重的心理不适,且伴有×××等危机行为。鉴于孩子曾经有抑郁症病史,也出于对学生身心健康的考虑,学校认为×××同学目前不适合在学校继续学习,我们建议您的孩子休息一段时间,并继续到专业心理治疗机构进行系统的治疗。希望您能配合学校,我们也会一直关注孩子的状况,为他提供最好的帮助。
>
>   ××学校
>   ××××年×月×日

以上三项动态管理档案严格按照保密原则进行存档和管理,除专职工作人员和学校心理危机管理领导小组成员,其他人不得随意借阅或公布。档案也只限对当事人进行管理和帮助之用，不记入学生的成长档案。

三、医教结合与家校联合机制

（一）医教结合机制

医教结合机制在学生心理筛查评估、心理疾患诊断以及严重心理危机干预等方面起着非常重要的作用。

1.学校要对校园心理危机干预能力进行评估，若危机事件严重影响到了危机当事人的心理社会功能，危机程度超出学校危机干预工作者的专业水平，或危机当事人可能再次出现高危机行为，学校危机干预工作者在稳定危机当事人情绪后，应立刻邀请专业医疗机构介入。

2.学校通过学生心理检测、班主任随访、心理辅导等各种途径筛检出的心理问题学生，经专业判断得出当事人存在严重心理疾病（神经症以上）或自杀危机，或出现PTSD等个体功能水平严重受损的情况时，需向专业医疗机构转介。

（二）家校联合机制

家校联合机制可以最大限度地帮助学生走出危机，恢复健康。主要内容包括：

1.若学生被评估为一般心理问题或一级危机，学校、班主任应与家长做好沟通工作，指导家长有效地和孩子交往、沟通，更好地建立亲子关系，帮助孩子疏导心理上的困扰。同时学校要通过家校平台，推送有关家庭教养、亲子关系方面的宣传文章，供家长们学习。

2.若学生被评估为心理障碍或二级危机，学校应通过班主任电话联系家长来校进行多方会谈，会谈人员应包括负责学生工作的德育副校长、学生部门负责人、心理老师和班主任。学校要向家长了解学生在家的情况，告知家长学生在校情况，提出转介建议，和家长协商是否让孩子继续住校等问题。

3.若学生被诊断为心理疾病或精神疾病初期，学校应通过班主任电话联系家长来校进行多方会谈，并建议家长带孩子到转介机构进行专业诊治，诊治后视学生实际情况，结合医生建议决定是否让孩子休学。如果医生建议边治疗边上学，学校可以提出中断学生寄宿的要求,改为走读。

4.若学生被诊断为精神疾病或学生处在精神疾病发作期,学校应通过班主任电话联系家长来校进行多方会谈,要求家长带孩子到专科医院进行治疗并休学。在病情稳定后,根据医生复学证明或申请复学建议书复学,复学后该生进入动态管理系统,进行长期维护与管理。

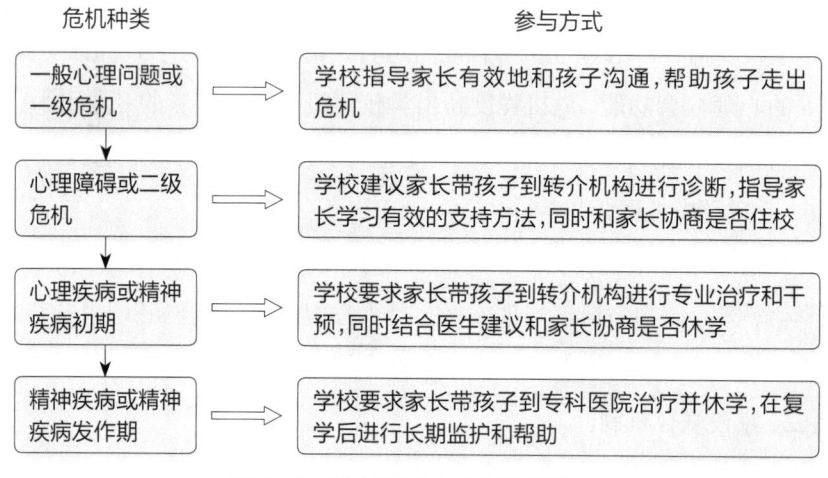

图 5-4　家校联合机制示意图

第六章

中小学心理健康教育的督导与评估

第一节　学校心理辅导的专业督导

一、学校心理辅导的专业督导的概念

学校心理辅导的专业督导（以下简称心理督导），是指有辅导专业特长的、具有学校心理专业督导师资格的专业人员，运用观察、访谈、评估等技术，对受导者（被督导对象）的心理辅导能力进行集中、具体的监督和指导，帮助受导者加深对辅导专业的理解，提高辅导技术和工作能力。

心理督导是促进学校心理健康教育专（兼）职教师专业化发展、提高学校心理辅导工作质量的重要途径。

> **小链接**
>
> **心理督导与教育督导的区别**
>
> 教育督导，全称为教育督导与评价，又称教育视导，指教育督导机关或人员依据国家的教育方针政策、法律法规对下级的教育工作进行监督、指导、检查、评估和反馈，是教育行政管理中的重要一环。
>
> 心理督导更强调辅导专业的监督和指导功能。在心理健康教育工作中，涉及评估和考核的部分往往会划归为教育督导，例如学校心理健康教育工作评估、心理辅导室标准化评估等。

二、心理督导的目标与任务

（一）心理督导的目标

根据专业标准和要求，通过观察、分析、评估受导者的辅导工作过程，针对性地为受导者提供合适的知识与技能指导，改进其辅导技术与方法，使受导者获得专业成长。

（二）心理督导的任务

1. 监督受导者对伦理规则的遵守，保障辅导对象的利益。
2. 促进受导者对辅导专业的认同感和理解力。
3. 帮助受导者发现自身的问题，明确发展的方向和任务。
4. 指导受导者改进技术与方法，修正辅导工作计划与方案。
5. 分析、评估受导者的工作水平。
6. 调适受导者的心理状态，处理个人心理议题，预防心理枯竭现象的出现，促进其人格发展。

三、督导师的角色与督导模式

督导师一般被赋予教师、辅导者、顾问三种角色，与之对应的是三种督导模式。

1. 教师角色：侧重"我说你听，我教你学"。以具体指导为目标，通过观察、评估辅导中的互动，解释辅导过程中的重要事件，提出合理、适当的建议，直接指导受导者使用某种辅导技术。对应的是以辅导对象为中心的模式。

2. 辅导者角色：更多将注意力放在受导者的个人感受上，以促进受导者的个人成长为目的，引导其对自己擅长之处和不足之处进行探索，特别是对移情和反移情的处理。对应的是以受导者为中心的模式。

3. 顾问角色：作为智囊团和资源库，给予受导者支持、鼓励和一定的自主性。提供更多的干预方法或概念化方案，而不是简单给出答案；关注督导情境中所有参与者（包括辅导对象、受导者、督导师）之间的平行关系（如图6-1），看到并满足受导者在督导过程中的需要，鼓励受导者做选择并与其共同承担责任等。对应的是以督导关系为中心的模式。

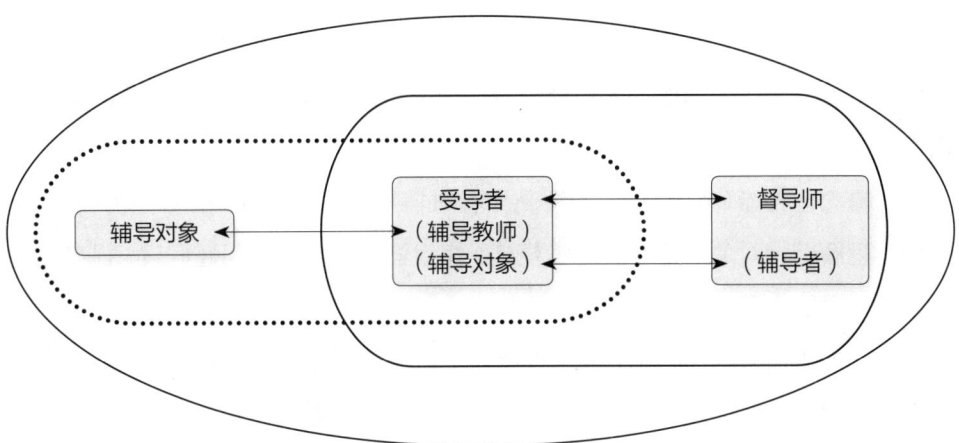

图 6-1 心理督导参与者的平行关系示意图

> **小链接**
>
> **心理督导不完全等同于教育培训，也不完全等同于心理辅导**
>
> 心理督导师就是辅导教师的教师吗？心理督导师承担了教师的角色和教育的功能，但是在实际督导中，督导的对象是已经有一定心理辅导经验且已接受过系统心理培训的受导者。心理督导更注重对少数个体（不超过8人）的个性化教育和指导，而心理辅导的教育培训，一般是面向多人（人数不限），教授一般性、普遍性问题的常规课程和操作训练。
>
> 心理督导师就是辅导教师的辅导者吗？心理督导中常常会包含对受导者心理辅导的内容，以期促进其专业及个人成长，但实际操作中更突出对某一个案例的监督指导和审视反思。心理辅导更侧重辅导教师对辅导对象的人格发展、情绪管理等个人成长层面的剖析，心理督导强调的是督导师对受导者对案例的把握和个人移情与反移情部分的指导。

四、心理督导焦点与议题选择

（一）心理督导焦点

心理督导焦点即督导过程中聚焦的重点。

根据受导者的需求，督导焦点可以分为以下三种。

1. 干预技巧（历程化）。聚焦受导者在辅导和督导历程中的技术运用，关注技术的有效性和精准度。

2. 概念化技能（概念化）。关注受导者对辅导对象问题的判断、分析和确认，帮助其理解辅导对象的情绪或思考模式，找到辅导的主题和问题假设，提高其建立辅导方案的能力。

3. 个人化技能（个人化）。聚焦受导者在辅导过程中的情感反应，包括受导者本人对辅导个案的认知和能力限制，例如：人际边界，情感代入，相似经历的容忍度，心理防御等。

（二）心理督导议题选择

心理督导的常见议题有：能力议题、情绪觉察议题、自主性议题、自我同一性议题、尊重个体差异议题、目标和方向议题、个人动机议题、职业伦理议题等。

受导者可以根据自己对心理辅导的熟练程度，选择不同角色、不同焦点和不同议题的督导师。

针对不同受导者的督导议题建议如下。

1. 初学者的督导议题：辅导教师的专业信念，同理共情、提问技巧等干预技术的使用议题；辅导教师的准备状态（着装、姿势、情绪等）议题；辅导方案设计议题；辅导开始及结束技巧议题；初步的个案概念化议题；督导结束时的评估议题等。

2. 有经验者的督导议题：移情和反移情议题；辅导（咨询）伦理的双重关系议题；辅导（咨询）的变化议题；深入的个案概念化议题；辅导教师的个人风格议题；辅导对象心理发展阶段的分析议题；督导关系与效果讨论议题等。

五、心理督导的方法与流程

(一)上级督导和同侪督导

根据督导与受导的关系,可以将督导方法分为上级督导和同侪督导。

1. 上级督导。上级督导指的是水平高的督导师(注册督导师)与水平低的辅导教师之间进行的不同级别的督导。

2. 同侪督导。同侪督导,又称朋辈督导,是指同水平、同级别的辅导教师之间进行的督导。受导者可以将自己实际工作中遇到的典型案例或棘手案例拿出来进行案例研讨,邀请团队内经验丰富的老师轮流担任案例督导师。

具体流程如图6-2所示。

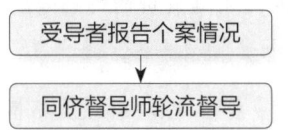

图6-2 同侪督导流程示意图

(1)受导者报告个案情况:提供完整个案,比如个案的成长经历、心理困惑和辅导进程;分享自己在心理辅导过程中的感受和体会。

(2)同侪督导师轮流督导:各抒己见,从自己的视角分析案例,在还原案例的过程中,思考并分享自己会基于怎样的假设来进行辅导。

根据人数的不同,同侪督导还包括两人模式、三人模式和四人模式。两人模式是一对一的朋辈督导。三人模式是除受导者以外的两个人轮流担任督导师和评论者。四人模式包括辅导对象、辅导教师、正例辅导教师(鼓励)和反例辅导教师(批判)。

(二)个人督导、团体督导(小组督导)、现场督导和网络督导

根据参与方式的不同,可以将督导方法分成个人督导、团体督导(小组督导)、现场督导和网络督导四种。

1. 个人督导。又称个别督导,指督导师与受导者进行一对一和面对面的讨论、分析及研讨。常见的个人督导形式有:自我案例报告、录音逐字稿和视频分析等。

> **小链接**
>
> **自我案例报告撰写格式**
>
> 1. 基本资料(性别、年龄、教育程度、婚姻状况等);辅导对象的一般情况。
>
> 2. 主诉问题(是什么问题促使辅导对象寻求辅导):来访原因(主诉),或求助动机(为什么此时前来接受/寻求辅导)。
>
> 3. 辅导对象是如何被转介过来的:来访途径及初次会谈的情景。
>
> 4. 辅导对象的主要问题及过去的辅导经历。
>
> 5. 辅导对象简单的发展史(包括与重要关系他人的关系):生活经历,特别是早年的生活史,重要事件,与家庭成员的关系。
>
> 6. 辅导的设置和进行情况。
>
> 7. 辅导过程:辅导中的重要事件、转折点及移情和反移情。
>
> 8. 心理动力学的理解或诊断评估(防御机制、人格发展、人格结构)。
>
> 9. 辅导中的难点:辅导过程中所遭遇的困境。

2.团体督导。团体督导采用一对多的团体研讨方式,让多个受导者提出问题、交流想法和辅导经验,督导师适时监督和指导。

团体督导的方法多样,除采用自我案例报告、录音逐字稿和视频分析等方法,还可以结合示范演练、精微训练、角色扮演、案例研讨会和经验分享会等形式。

团体督导的具体流程:建立团体督导小组,由组长确定每周汇报案例的成员(一般为组内轮流汇报)。

表 6-1　团体督导流程表

督导人数	10—15 人	
督导时间	2 小时	
督导频率	一周一次	
督导准备	成员签到表、电脑（播放视频）、纸、笔	
受导者准备	撰写自我案例报告并打印（人手一份）、音／视频、需要督导的问题	
督导形式	在督导开始前，督导师会先收集除汇报者外每位成员的问题及所需要的时间。 第一部分： 1. 先由汇报者进行汇报，阐述案例基本情况及目前与其的工作进展，包括报告自己的督导问题。 2. 由组内成员根据报告案例的内容提出问题。比如，似乎在案例中没有太多涉及其家庭背景，请问他的家庭情况如何？ 3. 汇报者记录组员提问，全部提问结束后一一回答。 4. 督导师干预，组员讨论，督导师指导。 　①督导师会了解受导者整体辅导（咨询）工作的思路，包括受导者想达到的目标、使用的辅导（咨询）流派、每个环节在哪些层面（认知层面、情绪层面等）做工作。 　②督导师会了解受导者对个案的感受和理解。督导师会提出具体问题，包括为什么要说这句话、这么说的原因是什么等。 　③督导师会根据受导者的问题来展开，帮助受导者探索更多的可能性和工作思路。 5. 每位成员分享自己的感受心得。 第二部分： 督导师带领大家一起讨论并解决其余成员的问题。	根据督导师个人风格而定
特别提醒	1. 每位成员接受督导后要及时记录自己的督导小时数。 2. 每份纸质的案例报告需要在督导结束后销毁，以保护辅导对象的隐私。 3. 音／视频资料需要辅导对象知情并同意，不强制要求受导者提供。	

（资料来源：北京师范大学心理学部心理健康服务中心）

3. 现场督导。现场督导是督导师直接通过单面镜或摄像机等技术手段，观察受导者的辅导过程；利用耳机或亲自示范的方式，及时有效地对受导者的辅导能力进行指导。具体方法有现场观察、耳机督导、直接介入、辅导中断、电话提醒和邀请商谈等。

4. 网络督导。网络督导是目前随着科技发展而产生的一种新型督导方式。通常借助一些心理督导机构开发的直播或手机 App 平台，通过视频连线的方式进行督导。这种方式扩大了受导者选择的范围，突破了地域限制，实现了跨地区督导，足不出户即可接受高水平的专业督导。

六、心理督导的评估

为监控督导过程，提高督导效能，督导师在督导结束后，应当撰写一份心理督导评估报告。

小链接

心理督导评估报告的基本格式

一、报告框架

1. 受导者基本情况描述。
2. 辅导对象基本情况描述。
3. 督导过程（受导者的难点和困惑）。
4. 对受导者的评价：
   —— 处理个案的能力、辅导技能；
   —— 与辅导对象的关系；
   —— 个案概念化与反思；
   —— 接受督导的现场表现；
   —— 专业发展阶段。

5. 督导师自我评估：
   —— 督导关系（冲突与化解）；
   —— 督导的风格、角色和方法；
   —— 督导的优点和需要改进的地方。

6. 督导后反思。

二、注意事项

1. 要呈现督导的具体过程。
2. 要把督导过程中的愉快、焦虑或担忧等真实感受写出来。

附录6-1：浙江省中小学心理健康教育督导总站宁波分站工作条例（暂行）

建立专业的心理督导队伍和规范化的督导制度，是加快我市中小学心理健康教育师资队伍建设，完善中小学心理健康教育体系的重要举措。根据《浙江省中小学心理健康教育指导中心关于印发〈浙江省中小学心理健康教育督导师管理办法〉的通知》（浙心指中心〔2019〕1号）的文件精神，结合宁波中小学实际情况，特制定本工作条例。

第一章 总则

第一条 心理督导是帮助中小学心理健康教育的教职人员完成相关工作、提升工作能力与心理素质的一种工作模式；心理督导也是广大学校教师分享心理健康教育知识、澄清相关工作思路、提升教育教学技巧的学习过程。心理督导主要包括心理咨询专业督导和学校心理健康教育的行政工作督导。

心理督导又指从事心理督导工作的相关专业人员。

第二条 心理督导的主要目标

（一）提高学校心理健康教育工作质量，包括心理健康教育知识的专业普及、心理健康教育工作的规范有序、班主任及任课教师心理保健与压力管理等。

（二）提升学校心理专兼职教师的专业水平，包括专业理论、技巧和方法的熟练掌握与运用，学生心理个案的分析和解决能力。

（三）促进学校心理专兼职教师的个人发展，包括帮助心理教师认识自己的专业角色、提高心理教师自我觉察或敏感度、反思个人在咨询过程中的优缺点等。

第二章 工作职责

第三条 市督导分站的职责

（一）落实教育行政部门及省督导总站安排的年度督导任务。

（二）每学期举办1—2次面向全市心理专职教师的督导活动。

（三）每学年举办1次面向全市心理专兼职教师的专业研讨或培训活动。

（四）每学年安排1—2次面向区县或学校的心理健康教育行政督导活动。

第四条　区县(市)督导点的职责

(一)落实上一级督导站安排的年度督导计划和任务。

(二)每月举办1次面向心理专兼职教师的督导活动。

(三)每学期举办1次面向各类教师的专业培训活动。

第三章　工作内容

第五条　心理督导的具体内容

(一)案例讨论与督导会诊:帮助心理教师解决求助学生的诊断与咨询问题。

(二)咨询与督导关系分析:分析和检视咨询关系与督导关系是否有违规情况,心理教师与督导师是否做到共情,求助学生与被督导者是否发生移情。

(三)个人成长:解决心理教师自身的问题,包括过去存在的问题和工作中出现的问题。

(四)区县(市)与学校心理健康教育工作:帮助有关区县(市)和学校进一步做好心理健康教育工作,检查存在的问题,督促落实与改进。

第四章　任职与聘任

第六条　督导任职资格

(一)心理督导师必须是通过浙江省中小学心理健康教育督导师培训的老师,或者高校从事心理健康教育和心理咨询的专业人员,以及相关的特聘专家。

(二)心理督导师应具备相应的心理咨询能力、心理督导能力和基本伦理素养。

(三)心理督导师由市心指办审定发文聘任,并颁发聘书。聘期三年,可续聘。

第五章　保障机制

第七条　督导分站的保障机制

(一)专业保障。鼓励申报浙江省心理专业督导师,可以根据市督导分站的督导时数,择优推荐。

(二)经费保障。市心指办根据督导分站的建设要求和动作情况,配套相应活动经费,保证督导分站正常运行。

第六章 附则

第八条 本条例由宁波市中小学心理健康教育指导中心办公室负责解释。

第九条 本条例自发文之日起执行。

宁波市中小学心理健康教育指导中心
2020 年 5 月 22 日

第二节　学校心理健康教育工作的评估

一、组织管理评估

组织管理评估是针对制度层面的评估，用以考评学校心理健康教育的各项工作制度是否健全。参考指标如下。

1. 成立学校心理健康教育领导小组。

2. 建立心理健康教育工作机制。

3. 按标准设置学校心理辅导室，配备心理健康教育专（兼）职教师。

4. 把心理健康教育工作列入学校发展规划，体系完善；有年度工作计划和总结，每学期至少召开一次专题工作会议，并有会议纪要。

5. 建立校园心理危机预防干预体系，将学生心理档案管理及定期进行心理健康普查纳入常规工作，并将筛检结果按规定上报。

6. 建立并实施学校心理健康教育各项制度，完善队伍建设制度、心理教研制度、心理辅导课程实施制度、学校心理辅导室建设制度、心理辅导伦理规范、档案管理、辅导（咨询）值班、学生转介等方面的工作制度。

7. 把心理健康教育专项经费列入学校经费预算，每年生均不少于 10 元。

二、心理辅导室评估

心理辅导室是学校开展心理健康教育工作的主阵地，心理辅导室评估主要包括达标配备与常态使用两个方面。达标配备是指硬件设施方面的布置和配备；常态使用是指心理辅导室建立后的日常运行和使用情况。参考指标如下。

1. 心理辅导室独立设立，选址适当；基础设施齐全、内部环境良好；具备个别辅导室、小团体辅导室、办公接待室（兼接待室与测量室）三个区域，符合浙江省标准化心理辅导室具体要求。

2.《心理辅导教师工作守则》等辅导制度、规范上墙。

3. 心理辅导室负责人须持有浙江省中小学心理健康教育 B 级及以上上岗资格证。

4. 配备一定数量的心理健康教育方面的书籍资料，并配备符合省级标准化验收资质的心理测验量表与软件、沙盘、团体心理辅导箱等。

5. 档案管理规范。要有完整的值班记录、台账、辅导过程记录并及时归档，有相应的分析、对策与辅导效果评价。

6. 在学校公共区域显眼处公布心理热线电话号码、值班表，设有心理信箱。

7. 心理辅导室定期开放，保证高中段每天不少于 2 小时，义务段每天不少于 1 小时。

8. 每学期来心理辅导室寻求帮助的学生人次占学生总人数的比例，省一级心理辅导站不少于 10%，二级站不少于 5%，三级站不少于 3%。

三、师资评估

师资评估包括对学校心理健康教育专（兼）职教师的配备、资质、工作量等方面的考核以及对全体教师持证率的考核。参考指标如下。

1. 学校心理健康教育专职教师按生师比 1000∶1 配备（不足 1000 人按 1000 人计）。寄宿制学校必须配有心理健康教育专职教师。

2. 心理健康教育专职教师必须具有心理学科类本科及以上学历，并具有浙江省中小学心理健康教育 B 级及以上上岗资格证。心理健康教育兼职教师须具有浙江省中小学心理健康教育 C 级及以上上岗资格证。

3. 完善学校心理健康教育专（兼）职教师工作量计算办法，并列入绩效工资考核。心理辅导室负责人享受班主任待遇，落实辅导补贴标准。

4. 建立教研制度。学校心理健康教育专职教师每年参加至少两次心理健康教育专业培训且学分不得少于 48 学分；每年参加至少六次区级及以上教研、培训或交流活动。

5. 全校获得浙江省中小学心理健康教育 C 级上岗资格证教师比例达到 80%。

四、心理档案评估

心理档案评估包括对学生心理测评档案、学生心理辅导记录册、学生心理危机筛查记录表、心理高危学生"一生一案"干预表、心理疾病学生转介手续等资料的评估。参考指标为五个规范，即记录规范、测量规范、存档规范、保密规范、转介规范。

图书在版编目(CIP)数据

中小学心理健康教育工作手册 / 宁波市中小学心理健康教育指导中心办公室编；尹晓军主编. — 宁波：宁波出版社, 2020.9（2021.1 重印）

ISBN 978-7-5526-3947-6

Ⅰ.①中… Ⅱ.①宁… ②尹… Ⅲ.①中小学生—心理健康—健康教育—手册 Ⅳ.① G444-62

中国版本图书馆 CIP 数据核字（2020）第 111961 号

中小学心理健康教育工作手册
ZHONGXIAOXUE XINLI JIANKANG JIAOYU GONGZUO SHOUCE

宁波市中小学心理健康教育指导中心办公室 编；尹晓军 主编

出版发行	宁波出版社
地　　址	宁波市甬江大道 1 号宁波书城 8 号楼 6 楼
邮　　编	315040
电　　话	0574-88396353
责任编辑	陈　静　邵晶晶
责任校对	张利萍
责任印制	陈　钰
装帧设计	金字斋
印　　刷	宁波白云印刷有限公司
开　　本	787mm×1092mm　1/16
印　　张	9.5
字　　数	155 千
版次印次	2020 年 9 月第 1 版　2021 年 1 月第 2 次印刷
标准书号	ISBN 978-7-5526-3947-6
定　　价	28.00 元

如发现缺页或倒装，影响阅读，请与承印厂联系调换　电话：0574-83875165